よくわかるFPシリーズ

合格テキスト FP技能士1級

4 タックスプランニング

TAC FP講座 編

はじめに

日常生活に役立つ知識を幅広く得られる資格、それがFP資格です。銀行、証券会社、保険会社等の金融業界や、不動産業界などでは、FP技能士２級は必須といわれるほど浸透した資格となりました。２級まで取得された方は、学習以前と比べて視野が広がったことを実感されているでしょう。

FPの資格が活かせるのは、金融業界に限りません。独立してFP事務所を構え、お金の相談にかかわっていくためには、やはり、１級レベルの知識が必要になってきます。学習した知識が実務に直結する、それがFP技能士１級なのです。

そして、いかなる会社でも、個人でも、無関係ではいられないもの、それが税金です。しかし、税金は、その複雑さから、学習上は敬遠されがちな科目です。FP技能検定では、所得税を中心に、法人税や消費税、住民税など、さまざまな税金に関する知識が問われますが、出題箇所はある程度、絞り込むことが可能ですので、一度理解してしまえば、確実な得点源とすることができる科目でもあります。

今の仕事でのキャリアアップのため、あるいは転職、就職、将来独立するため、また、日常生活において自分を守るため、あらゆる分野で、上級資格であるFP技能士１級の資格は必ず役に立つことでしょう。

本書を最大限に活用することで、FP技能士１級合格をつかみとり、将来の夢の実現につながることを心より祈念いたします。

2024年５月

TAC　FP講座

本書の特長・利用方法

PICK UP 1

出題傾向・全体像

章扉のページに過去6回分の出題状況を示してあります。出題されたテーマには☆印がついているので、重点的に学習しましょう。

重要論点を確認し、学習内容を把握しておきましょう。

第1章

所得税の基本事項と各種所得の金額の計算

過去の出題状況	2022.5	2022.9	2023.1	2023.5	2023.9	2024.1
納税義務者			☆			
利子所得		☆				
配当所得		☆				
不動産所得	☆	☆	☆	☆	☆	
事業所得	☆	☆	☆	☆	☆	☆
給与所得	☆	☆	☆			
退職所得			☆		☆	
譲渡所得	☆		☆	☆		☆
一時所得	☆		☆		☆	
雑所得	☆		☆			

1. 所得税の納税義務者

⑴ 個人である納税義務者

居住者と非居住者の区分に応じ、課税所得の範囲を定めている。

⑵ 法人である納税義務者

法人が支払いを受ける利子、配当等にも所得税が課税される。

2. 所得の分類

所得をその発生形態別に10種類に分類して各種所得の金額を計算する。

3. 総合課税と分離課税

10種類の所得は、他の所得と総合して課税される総合課税の所得と、他の所得とは分離して課税される分離課税の所得に分類される。

4. 源泉徴収制度

給与、利子、配当、報酬などはその支払いの際に所得税が源泉徴収される。

PICK UP 2

重要語句・公式

重要な用語・内容を色付き文字で目立たせ、覚えるべき語句が把握しやすくなっています。

本試験で計算問題を解く際に重要となる公式には色付きのアミをかけて強調しています。

1 雑損控除

居住者または居住者と同一生計の配偶者その他の親族（課税標準の合計が48万円以下である者に限る）の有する資産について、災害または盗難もしくは横領により損害を受けた場合には、その損害額のうち一定額を総所得金額等から控除する。なお、詐欺、恐喝による損失は対象とならない。

1 対象となる資産の範囲

雑損控除が適用されるのは、生活に通常必要な住宅、家具、衣類などの資産および現金であり、以下の資産は対象とならない。

① 生活に通常必要でない資産（ゴルフ会員権など）

② 被災事業用資産

③ 生活に通常必要な資産のうち書画、骨とう、貴金属等で1個または1組の価額が30万円を超えるもの

2 控除額

(1) 控除額

次の①②のうちいずれか多い方の金額を控除することができる。

① 差引損失額 − 総所得金額等 × 10%

② 災害関連支出の金額 − 5万円

(2) 差引損失額の計算

差引損失額は次の算式により計算する。

損失金額 ＋ 災害関連支出 − 廃材等の処分価額 − 保険金等で補てんされる金額

（注1）損失金額は損失を受けた時の資産の時価を基礎として計算するが、減価する資産は、次のいずれかにより計算する。

① 損失を受けた時の資産の時価

② 取得価額－減価償却累計額相当額

（注2）災害関連支出とは、災害に関連するやむを得ない支出で、住宅家財等の取壊しや除去のための費用、土砂などの障害物を取り除く費用などをいう。

3 雑損失の繰越控除

雑損控除額をその年分の課税標準から控除しきれない場合には、その控除不足額は翌年以降3年間繰り越して、翌年以降の所得から控除することができる。これを雑損失の繰越控除という。

58

PICK UP 3

図表・POINT!

図表や資料を多用して説明をわかりやすくまとめ、視覚的にもスムーズに理解できるようにしました。

項目の最後に設けた **POINT!** で、覚えるべき事柄を再確認しておきましょう。

第1章 所得税の基本事項と各種所得の金額の計算

3 所得税の納税義務者

1 個人である納税義務者

種類		課税所得の範囲
居住者 (国内に住所を有し、または、引き続いて1年以上居所を有する個人)	非永住者以外	すべての所得 (日本国内および国外で生じたすべての所得)
	非永住者 (日本国籍を有しておらず、かつ過去10年以内に日本に住所または居所を有していた期間が5年以下の個人)	国外源泉所得以外の所得および国外源泉所得で国内で支払われまたは国外から送金されたもの
非居住者（居住者以外の個人）		国内源泉所得

① 住所とは生活の本拠をいう。居所とは住所以外の場所で、現実に居住している場所をいう。

② 1年以上の予定で海外支店勤務や海外子会社に出向する場合は、出国当初から非居住者となる。

③ 職業に従事するために国内に居住することになった者は、国内の滞在期間が明らかに1年未満ではない場合には、入国当初から居住者として取り扱う。

④ 国家公務員または地方公務員は、国内に住所を有しない期間も原則として国内に住所を有するものとみなされる。

2 法人の納税義務者

種類		課税所得の範囲
内国法人	日本国内に本店または主たる事務所を有する法人	日本国内で支払われる利子、配当等
外国法人	内国法人以外	国内源泉所得のうち一定のもの

所得税は個人に対して課税されるものであるが、法人が利子や配当の支払いを受けるときには、個人が受け取るときと同じように所得税が源泉徴収される。これは、法人税の前払いとして申告の際、精算される。

POINT!

居住者のうち、非永住者以外の者は全世界所得に対して課税される。居住者のうち非永住者は国外源泉所得以外の所得および国外源泉所得の一部について課税され、非居住者は国内源泉所得のみ課税される。

2 税金の分類／3 所得税の納税義務者 5

PICK UP 4

チェックテスト

章末には、インプットした内容を確認できるように、○×形式のチェックテストを掲載しています。簡潔にまとめられていますので、すばやく復習ができます。必ず解いてみましょう。

チェックテスト

(1) 1年以上の予定で海外支店勤務や海外子会社に出向する場合は非居住者となる。

(2) 上場株式の配当金について、申告分離課税を選択した場合には、配当控除を受けることはできるが、上場株式の譲渡損失との損益通算はできない。

(3) 事業的規模以外の不動産所得は、貸借対照表を作成していても青色申告特別控除は最高10万円しか控除できない。

(4) 事業税、住民税は事業所得の金額の計算上、必要経費に算入できる。

(5) 給与所得者が、特定支出の特例を受ける場合には、確定申告が必要である。

(6) 「退職所得の受給に関する申告書」を提出しなかった場合には退職金の額の10%が源泉徴収される。

(7) 譲渡所得の金額の計算において、取得費が不明の場合の概算取得費は「収入×3%」により計算する。

(8) 上場株式の譲渡損失と給与所得は損益通算ができない。

(9) 特定口座のうち、源泉徴収口座を選択した場合には、所得税のみが徴収され、住民税は徴収されない。

(10) 総所得金額に算入する一時所得の金額は、「総収入金額－支出額－50万円」により計算した金額である。

(1) ○　(2) ×　(3) ○　(4) ×　(5) ○
(6) ×　(7) ×　(8) ○　(9) ×　(10) ×

46

FP技能士・1級試験のしくみ

1級FP技能検定　試験概要

試験実施団体	金融財政事情研究会（金財）	
試験科目と出題形式	【学科試験】	基礎編　マークシート方式による筆記試験、四答択一式 応用編　記述式による筆記試験
	【実技試験】	口頭試問形式
受検資格	①２級FP技能検定合格者で、FP業務に関し１年以上の実務経験を有する者、②FP業務に関し５年以上の実務経験を有する者、③厚生労働省認定金融渉外技能審査２級の合格者で、１年以上の実務経験を有する者	
試験日	【学科試験】	９月・１月・５月の年３回
	【実技試験】	６月・10月・２月の年３回
試験時間	【学科試験】	基礎編 10：00~12：30 応用編 13：30~16：00
	【実技試験】	面接開始約15分前に設例配布、各面接の１人当たり所要時間は約12分。
出題数と合格基準	【学科試験】	基礎編　50問、応用編　5題、200点満点で120点以上
	【実技試験】	異なる設例課題に基づき２回面接、200点満点で120点以上

１級試験お問い合わせ先	一般社団法人　金融財政事情研究会　検定センター https://www.kinzai.or.jp/ TEL 03-3358-0771

1級FP技能士とCFP®

- **２級FP技能検定合格者で１年以上のFP実務経験を有する者**
- **５年以上のFP実務経験を有する者**

FP技能士１級学科試験を受検・合格！

- **AFP登録者**
- **FP協会が認めた大学で所定の単位を取得した者**

CFP®資格審査試験を受検・合格！
↓
CFP®エントリー研修
↓
３年間の実務経験要件充足・日本FP協会登録により、CFP®として認定

実技試験を受検・合格！

１級FP技能士に！

目　次

第1章 所得税の基本事項と各種所得の金額の計算

過去の出題状況	2022.5	2022.9	2023.1	2023.5	2023.9	2024.1
納税義務者			☆			
利子所得		☆				
配当所得		☆				
不動産所得	☆	☆	☆	☆	☆	
事業所得	☆	☆	☆	☆	☆	☆
給与所得	☆	☆	☆			
退職所得			☆		☆	
譲渡所得	☆		☆	☆		☆
一時所得	☆		☆		☆	
雑所得	☆		☆			

1．所得税の納税義務者

⑴　個人である納税義務者

居住者と非居住者の区分に応じ、課税所得の範囲を定めている。

⑵　法人である納税義務者

法人が支払いを受ける利子、配当等にも所得税が課税される。

2．所得の分類

所得をその発生形態別に10種類に分類して各種所得の金額を計算する。

3．総合課税と分離課税

10種類の所得は、他の所得と総合して課税される総合課税の所得と、他の所得とは分離して課税される分離課税の所得に分類される。

4．源泉徴収制度

給与、利子、配当、報酬などはその支払いの際に所得税が源泉徴収される。

1 全体像

1 所得税の納税義務者

① 個人である納税義務者

居住者と非居住者に区分し、それぞれの区分に応じて課税所得の範囲を定めている。

② 法人である納税義務者

法人が支払いを受ける利子、配当などは所得税が源泉徴収されるため、法人も所得税の納税義務がある。

2 所得の分類

所得をその発生形態別に10種類に分類して、各種所得の金額を計算する。

各種所得	内　容
利子所得	預貯金の利子、公社債の利子など
配当所得	剰余金の配当、利益の配当、剰余金の分配による所得
不動産所得	不動産、不動産の上に存する権利などの貸付けによる所得
事業所得	農業、漁業、製造業、卸売業、小売業、サービス業などの事業による所得
給与所得	俸給、給料、賃金および賞与などによる所得
退職所得	退職手当、一時恩給その他退職により一時に受ける給与による所得
山林所得	山林の伐採または譲渡による所得
譲渡所得	資産の譲渡による所得
一時所得	一時的な所得で、労務または資産の譲渡の対価としての性質を有しないもの
雑 所 得	他の９種類の所得のいずれにも該当しない所得 公的年金、個人年金等

3 総合課税と分離課税

総合課税	他の所得と総合して課税する方法。総合課税される所得は総所得金額に算入され、税率は超過累進税率が適用される。
分離課税	他の所得と総合せず、単独で所得を計算し、それぞれ個別に税率を適用して税額を計算する。

4 源泉徴収制度

所得税は、「申告納税制度」とされているが、これと併せて給与、利子、配当、報酬などの所得については、その支払いの際に、その支払者が所得税を徴収して納付する「源泉徴収制度」が採用されている。

5 所得税の計算の仕組み

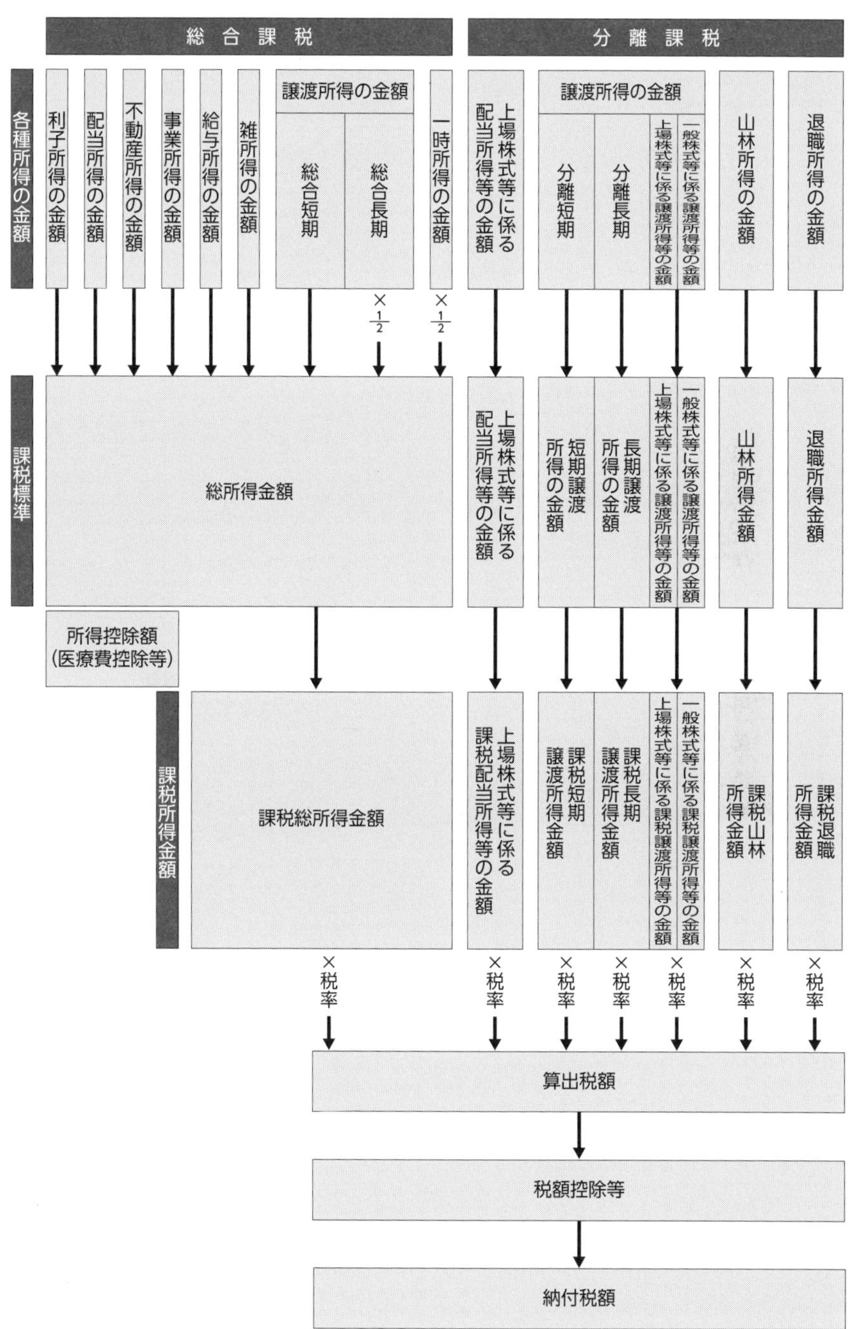

2 税金の分類

1 国税と地方税

課税主体が国か地方公共団体かによって国税と地方税に分類される。地方税はさらに、道府県税と市町村税に区分される。

国税	法人税、所得税、贈与税、相続税など
地方税	住民税、事業税、固定資産税など

2 直接税と間接税

納税義務者と、税金を実際に負担する者が同一か否かによって直接税と間接税に分類される。

直接税	納税義務者と負担者が同一（所得税、法人税など）
間接税	納税義務者と負担者が同一でない（消費税など）

3 申告納税方式と賦課課税方式

申告納税方式	納税者が法律に基づいて、自ら納付すべき税額を計算して申告・納税をする方式（所得税、法人税など）
賦課課税方式	国・地方公共団体が納付すべき税額を計算し、納税者に通知する方式（住民税、固定資産税など）

POINT!

・申告納税方式は、納付税額を納税者が自ら計算する。
・賦課課税方式は、納付税額を国や地方公共団体が計算する。

3 所得税の納税義務者

1 個人である納税義務者

種　類		課税所得の範囲
居住者 （国内に住所を有し、または、引き続いて1年以上居所を有する個人）	非永住者以外	すべての所得 （日本国内および国外で生じたすべての所得）
	非永住者 （日本国籍を有しておらず、かつ過去10年以内に日本に住所または居所を有していた期間が5年以下の個人）	国外源泉所得以外の所得および国外源泉所得で国内で支払われまたは国外から送金されたもの
非居住者（居住者以外の個人）		国内源泉所得

① 住所とは生活の本拠をいう。居所とは住所以外の場所で、現実に居住している場所をいう。

② 1年以上の予定で海外支店勤務や海外子会社に出向する場合は、出国当初から非居住者となる。

③ 職業に従事するために国内に居住することになった者は、国内の滞在期間が明らかに1年未満ではない場合には、入国当初から居住者として取り扱う。

④ 国家公務員または地方公務員は、国内に住所を有しない期間も原則として国内に住所を有するものとみなされる。

2 法人の納税義務者

種　類		課税所得の範囲
内国法人	日本国内に本店または主たる事務所を有する法人	日本国内で支払われる利子、配当等
外国法人	内国法人以外	国内源泉所得のうち一定のもの

所得税は個人に対して課税されるものであるが、法人が利子や配当の支払いを受けるときには、個人が受け取るときと同じように所得税が源泉徴収される。これは、法人税の前払いとして申告の際、精算される。

POINT!

居住者のうち、非永住者以外の者は全世界所得に対して課税される。居住者のうち非永住者は国外源泉所得以外の所得および国外源泉所得の一部について課税され、非居住者は国内源泉所得のみ課税される。

4 利子所得

1 利子所得の意義

① 公社債の利子、預貯金の利子
② 合同運用信託・公社債投資信託・公募公社債等運用投資信託の収益の分配　など

2 利子所得の計算方法

利子所得の金額 ＝ 収入金額（必要経費はない）

3 課税の方法

利子所得は原則として、所得税および復興特別所得税15.315％、住民税５％の税率により源泉徴収されて納税が完結する、源泉分離課税である。ただし、**特定公社債等**の利子は、源泉徴収されるとともに所得税15％と住民税５％の税率による**申告分離課税**（申告不要とすることもできる）の対象となる。

■課税方法

区　分	課税方法
預貯金の利子	源泉分離課税
特定公社債等※1の利子等	申告分離課税 （申告不要とすることもできる）
一般公社債等※2の利子等	源泉分離課税
同族会社が発行した社債の利子で その同族会社の同族株主等が受けるもの	総合課税

※１　特定公社債等とは、国債、地方債、外国国債、外国地方債、公募公社債、上場公債、公社債投資信託などをいう。特定公社債等の利子等は、上場株式等の譲渡損失および特定公社債等の譲渡損失との**損益通算**が可能で、特定口座への受け入れもできる。
※２　一般公社債等とは、特定公社債等以外のものをいう。

4 利子所得の非課税

① 勤労者財産形成住宅貯蓄契約または勤労者財産形成年金貯蓄契約の利子
② 障害者等が支払いを受ける、元本350万円以下の少額預貯金等および少額公債の利子
③ 納税準備預金の利子（ただし、納税目的以外で引出された場合を除く）

5 利子所得に該当しないもの

金銭の貸付けによる利子は事業所得または雑所得となる。

POINT!

特定公社債等の利子は20.315％（所得税および復興特別所得税15.315％、住民税5％）の申告分離課税、特定公社債等以外の利子は原則として源泉分離課税である。

5 配当所得

1 配当所得の意義

① 法人（公益法人および人格のない社団等を除く）から受ける剰余金の配当
② 利益の配当
③ 剰余金の分配（出資に係るものに限る）
④ 基金利息
⑤ 公社債投資信託以外の投資信託の収益の分配　など

2 配当所得の計算方法

配当所得の金額 ＝ 収入金額 － 負債の利子※

※ 株式を取得するために要した負債の利子がある場合には、収入金額から、その負債の利子の額のうち、その元本を有していた期間に対応する部分の金額を控除する。

$$負債の利子 \times \frac{その年中の元本所有月数（1月未満切上げ）}{12}$$

① 申告不要を選択した配当等に係る負債の利子は控除できない。
② 負債によって取得した株式等の配当等からだけではなく、他の株式等の配当等の収入金額から控除できる。

■計算例

	配当金	負債利子
A株式	無配	20,000円
B株式	50,000円	0円

① 収入金額　50,000円
② 負債利子　20,000円
③ 配当所得の金額＝50,000円－20,000円＝30,000円

3 課税の方法

配当等はその支払いを受ける際、所得税および住民税が源泉徴収される。課税方法は原則として**総合課税**であるが、**申告分離課税**または**申告不要**を選択することもできる。源泉徴収税率および課税方法は、上場株式等の配当等と非上場株式等の配当等で次のように異なる。

■課税方法および税率

	課税方法※2	源泉（特別）徴収税率	
		所得税・復興特別所得税	住民税
上場株式等 （大口株主※1を除く）	総合課税 申告分離課税※3 申告不要※4	所得税 15% 復興特別所得税 0.315%	5%
非上場株式等・大口株主	総合課税 申告不要※5	所得税 20% 復興特別所得税 0.42%	—※6

※1　大口株主とは、発行済株式総数の３％以上を所有する個人株主をいう。

なお、2023年10月１日以後は、個人の持株割合が３％未満でも、同族会社である法人との合計で３％以上保有している場合には、その個人は大口株主となる。ただし、源泉徴収税率の適用にあたっては大口株主として取り扱われない。

※2　上場株式等の課税方法については、所得税と住民税で統一する必要がある。

※3　申告分離課税を選択した場合、上場株式等の譲渡損失との損益通算ができる。非上場株式の配当は、申告分離課税を選択できない。

※4　源泉徴収だけで課税関係を終了させることができる。金額等の要件はない。

※5　１銘柄につき１回の支払金額が次の算式により計算した金額以下のもの（少額配当）は、申告不要とすることができる。

$$10\text{万円} \times \frac{\text{配当計算期間の月数（1月未満切上げ）}}{12}$$

※6　住民税は特別徴収されないため納税者が申告をし、総合課税により課税される。

4 配当控除の適用の有無

上場株式・非上場株式どちらも総合課税を選択すると配当控除が受けられる。

5 配当所得の非課税

オープン型の証券投資信託の元本払戻金に所得税は課税されない。

POINT!

上場株式の配当所得の課税方法は３種類で、総合課税（総所得金額を構成。配当控除の適用がある）、申告分離課税（上場株式等の譲渡損失との損益通算ができる）、申告不要（要件はなし）のいずれかを選択する。

6 不動産所得

1 不動産所得の意義

不動産所得とは、不動産、不動産の上に存する権利、船舶または航空機の貸付けによる所得をいう。

2 不動産所得の計算方法

不動産所得の金額 ＝ 総収入金額 － 必要経費（－ 青色申告特別控除）

青色申告者は、青色申告特別控除として10万円または55万円（65万円）を控除できる。

3 総収入金額

総収入金額には地代、家賃のほかに更新料、名義書換料などが含まれる。敷金や保証金などは預かり金であり、原則として総収入金額に算入しない。ただし、敷金・保証金のうち返還不要が確定しているものについては、その返還不要が確定したときに総収入金額に算入する。

4 必要経費

必要経費となるものは、不動産所得を得るために直接必要な費用のうち家事上の経費と明確に区分できるものであり、主なものとして貸付資産に係る固定資産税、不動産取得税、登録免許税、修繕費、損害保険料、減価償却費、借入金の利子などがある。

5 収入金額の計上時期

不動産を賃貸したことにより収受する家賃などを収入に計上すべき時期は、原則として次のとおりである。

① 契約や慣習などにより支払日が定められている場合は、その定められた支払日
② 支払日が定められていない場合は、実際に支払を受けた日
③ 賃貸借契約の存否の係争等（未払賃貸料の請求に関する係争を除く。）に係る判決、和解等により不動産の所有者等が受け取ることになった係争期間中の賃貸料相当額については、その判決、和解等のあった日

（注） 賃貸料の額に関する係争がある場合に、賃貸料の弁済のために供託された金額については、①または②に掲げる日

6 課税方法

総合課税。総所得金額に算入され、超過累進税率が適用される。

7 事業的規模か否かによる所得計算の取扱いの違い

不動産所得は、その不動産貸付けが事業として行われている（事業的規模）かどうかによって、所得金額の計算上の取扱いが異なる規定がある。不動産の貸付けが事業的規模かどうかについては、原則として社会通念上事業と称するに至る程度の規模で行われているかどうかによって、実質的に判断する。

ただし、建物の貸付けについては、次のいずれかの基準に当てはまれば、原則として事業として行われているものとして取り扱う（５棟10室基準）。

① 貸間、アパート等については、貸与することのできる独立した室数がおおむね10室以上であること。

② 独立家屋の貸付けについては、おおむね５棟以上であること。

■事業的規模か否かによる所得計算の違い

	事業的規模	事業的規模以外
青色申告特別控除	最高55万円（65万円）	最高10万円
固定資産の資産損失	全額必要経費に算入し、赤字となった場合は、損益通算ができる	不動産所得の金額を限度として必要経費に算入する
専従者給与	適用あり	適用なし
個別評価の貸倒引当金	設定できる	設定できない
賃料等の回収不能による貸倒損失	貸倒れが生じた年分の必要経費に算入する	家賃の未収入金の貸倒れは、収入計上年にさかのぼって所得を取り消す

8 青色申告特別控除

青色申告者は、所得の金額を限度として青色申告特別控除額を所得金額から控除することができる。

事業的規模の不動産所得で、正規の簿記の原則（一般的には複式簿記）により記帳するなどの一定要件を満たした場合には、55万円、事業的規模以外の不動産所得は10万円が控除される。不動産所得と事業所得の両方がある場合には、不動産所得の規模にかかわらず、55万円が控除される。この場合、まず不動産所得から控除し、まだ控除額が残っていれば事業所得から控除する。

帳簿等の要件を満たしていて55万円の控除を受けられる者については、以下の要件のいずれかを満たした場合には控除額は65万円となる。

①　電子帳簿保存
　税務署長の承認を受けて仕訳帳および総勘定元帳について一定の電子帳簿による備付けおよび保存を行うこと
②　e-Taxによる申告
　e-Tax（電子申告）により確定申告書、青色決算書等を提出していること

■青色申告特別控除

所得の種類	青色申告特別控除
不動産所得のみ	事業的規模　55万円※ 事業的規模以外　10万円
不動産所得＋事業所得	55万円※ 不動産所得→事業所得の順に控除

※　一定の電子帳簿による保存、e-Taxにより申告をする場合は65万円

9 固定資産の資産損失

貸付け用の固定資産について、取壊し、除却、滅失その他の事由による損失が生じたときは、次の区分に応じその損失の金額（保険金、損害賠償金等により補てんされる部分の金額を除く）を必要経費に算入する。

①　事業的規模の場合
　事業的規模の不動産貸付業の場合は、損失の金額を全額、その損失が生じた年分の必要経費に算入する。また、その結果、所得が赤字となった場合には、損益通算により、他の黒字の所得金額と通算することができる。
②　事業的規模以外の場合
　事業的規模以外の不動産貸付業において、業務の用に供していた資産に生じた損失の金額は、損失発生年分の不動産所得の金額（損失額を必要経費に算入する前の金額）を限度として、その年分の不動産所得の金額の計算上、必要経費に算入する。

10 他の所得との区分

(1) アパートなどの家賃収入
①　食事を提供しない場合……不動産所得
②　下宿など、食事を提供する場合……事業所得または雑所得

(2) 駐車場収入
①　保管責任がない場合……不動産所得
②　保管責任がある場合……事業所得または雑所得

POINT!

事業的規模以外（規模が小さい）の不動産所得の青色申告特別控除は、最高10万円である。

7 事業所得

1 事業所得の意義

事業所得とは、農業・漁業・製造業・卸売業・小売業・サービス業・その他の事業から生ずる所得をいう。

2 事業所得の計算方法

事業所得の金額 ＝ 総収入金額 － 必要経費（－ 青色申告特別控除）

青色申告者は、青色申告特別控除として最高55万円（65万円）を控除することができる。

3 総収入金額

① 商品などの棚卸資産の販売による収入金額については、原則としてその引渡しがあった日に計上する。実際に金銭等を受領した日ではない。

② 棚卸資産の自家消費の場合

自家消費とは、例えば、食料品店を営む者が店の商品を料理して飲食したり、電器店を営む者が店のテレビを家庭用として使用することなどをいう。この場合、対価はないが、消費した商品の原価は売上原価に含まれることになるため、これに対応する収入を計上しなくてはならない。

棚卸資産を家事のために消費した場合には、その商品の通常の販売価額の70%と仕入価額のいずれか多い方の金額を売上高に計上する。

通常の販売価額 × 70%
仕入価額 ｝多い方

③ 棚卸資産の贈与

棚卸資産を親類や友人に贈与した場合も、家事消費と同様に通常の販売価額の70%と仕入価額のいずれか多い方の金額を売上高に計上する。

4 必要経費

必要経費に算入すべき金額は、原則として総収入金額に係る売上原価その他、その総収入金額を得るため直接に要した費用の額およびその年における販売費、一般管理費その他これらの所得を生ずべき業務について生じた費用（償却費以外の費用でその年において債務の確定しないものを除く）の額とする。

5 課税方法

総合課税。総所得金額に算入され、超過累進税率が適用される。

6 他の所得との区分

① 利子所得等との区別
・事業用資金の銀行預金の利息は利子所得となる。
・取引先の株式の配当金は配当所得となる。

② 譲渡所得との区別
・事業用自動車や店舗の売却収入は譲渡所得となる。

③ 事業付随収入
・従業員や取引先に対する貸付金の利子などは事業所得となる。
・従業員宿舎の家賃収入は事業所得となる。

8 事業所得——必要経費

1 売上原価

(1) 売上原価の計算

売上原価は、次の算式により計算する。

売上原価＝期首棚卸高＋当期仕入高－期末棚卸高

(2) 棚卸資産の評価

棚卸資産の評価方法には次の方法がある。なお、青色申告者は低価法を選択することができる。

① 原価法……個別法、先入先出法、総平均法、移動平均法、最終仕入原価法、売価還元法のいずれかの方法により算出した取得価額を棚卸資産の評価額とする方法

② 低価法……原価とその年の12月31日における時価とを比較して、いずれか低い方を棚卸資産の評価額とする方法

(3) 評価方法の届出と法定評価方法

新たに事業を開始した場合や従来の事業のほかに他の種類の事業を開始した場合には、その年分の確定申告期限（翌年の３月15日）までに評価方法を選定し、納税地の所轄税務署長に届出書を提出しなければならない。評価方法の届出をしなかった場合には、**法定評価方法である最終仕入原価法**により算出した取得価額による原価法により評価する。

2 家事関連費等

家事上の経費（生活費）は必要経費に算入しない。店舗併用住宅の水道光熱費などのように、家事上の経費と業務上の経費が混在するものを家事関連費といい、家事関連費は、業務の遂行上必要であることが明らかにできる部分だけを必要経費に算入する。

3 租税公課

① 必要経費となるもの……事業税、固定資産税、都市計画税、登録免許税、不動産取得税、印紙税など

② 必要経費とならないもの……所得税（利子税のうち一定のものを除く）、住民税、加算税、延滞税、罰金および過料など

4 専従者給与等

同一生計親族が、事業主が営む事業に従事したことにより受ける給与、資産の貸付けにより受ける賃借料や貸付金利子などの対価は、次のように取り扱う。

(1) 原　則

事業主が同一生計親族に対して支払った給与、親族が所有する不動産を賃借したことによる賃借料、借入金の利子などは、その事業主の所得の計算上、必要経費に算入しない。一方、対価を受け取った親族については、その対価はなかったものとみなされるため、給与所得や不動産所得として課税されることはない。また、同一生計親族の各種所得の金額の計算上、必要経費に算入されるべき金額（例えば不動産所得に係る固定資産税）は、その事業主の所得の計算上、必要経費に算入する。

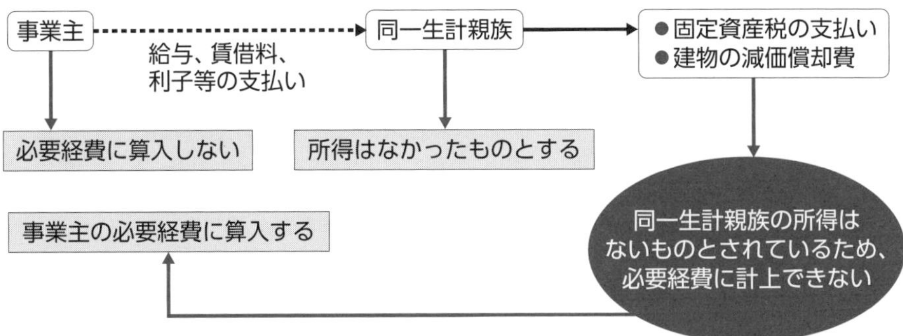

(2) 青色申告者の特例　－青色事業専従者給与－

事業所得、不動産所得（事業的規模に限る）を営む青色申告者が、青色事業専従者に対して支払った給与で、次の要件を満たすものは事業所得または不動産所得の金額の計算上、必要経費に算入することができる。

必要経費に算入した金額は、その青色事業専従者の給与所得の収入金額となる。

① **「青色事業専従者給与に関する届出書」**を提出[※1]すること。

※1　この規定の適用を受けようとする年の3月15日まで（その年の1月16日以後に開業した場合は開業から2カ月以内）に提出する。

② 届出書に記載された金額の範囲内で**支払われた給与**で、その金額が**労務の対価として相当と認められるもの**であること。

③ 青色事業専従者とは、事業主と同一生計の親族で、その年の12月31日において年齢が15歳以上の者で、その事業に専ら従事[※2]する者をいう。

※2　専ら従事とは、原則として、その年を通じて6カ月を超える期間、事業に従事することをいうが、年の中途において開・廃業したり、病気・婚姻があった場合には、従事可能な期間のうち、2分の1を超える期間、事業に従事していればよい。

(3) 白色申告者の特例　－専従者控除－

白色申告者で、事業所得、不動産所得（事業的規模に限る）に従事する事業専従者※がいる場合には、次の①②の金額のうち、いずれか少ない方の金額を、「専従者控除額」として事業所得、不動産所得の金額の計算上必要経費とみなす。

※　事業専従者とは、事業主と同一生計の親族で、その年の12月31日において年齢が15歳以上の者で、その事業にその年を通じて６カ月を超える期間、専ら従事する者をいう。なお、専従者控除額は、その事業専従者の給与所得の収入金額とみなす。

①　86万円（その専従者が配偶者以外の場合には50万円）

②　$\dfrac{\text{事業所得の金額、不動産所得の金額}}{\text{事業専従者数} + 1}$

POINT!

事業主が同一生計親族に支払った給与、家賃などは原則として、その事業の必要経費に算入できない。ただし、青色申告者は、青色事業専従者給与について届け出をすることによって、同一生計親族に支払った給与を必要経費に算入することができる。

9 事業所得――減価償却

不動産所得、事業所得を生ずべき業務の用に供される、建物、建物附属設備、機械装置、器具備品、車両運搬具などの資産は、使用または時の経過とともに価値が減少していく。このような資産を減価償却資産といい、その取得価額は、取得したときに全額を費用に計上するのではなく、その資産の使用可能期間にわたって費用に配分する。この手続きを減価償却という。

なお、土地や骨董品などのように、時の経過とともに価値が減少しない資産は減価償却は行わない。

1 減価償却費の計算方法

減価償却費の計算方法には、定額法と定率法がある。

① 2007年(平成19年)4月1日以後に取得した資産

定額法	取得価額×定額法償却率
定率法	期首未償却残高×定率法償却率 (注) 上記の金額が「償却保証額」(取得価額×保証率) を下回った年から 改定取得価額×改定償却率

(注) 帳簿価額が1円になるまで償却する。

② 2007年(平成19年)3月31日以前に取得した資産

旧定額法	(取得価額－残存価額)×旧定額法償却率
旧定率法	期首未償却残高×旧定率法償却率

(注1) 残存価額は取得価額の10%である。

(注2) 取得価額×95%（償却可能限度額）に達するまでは上記の方法により償却費を計算し、その後は（取得価額×5%－1円）÷5年により5年で均等に償却する。

2 償却方法の選定および届け出

新たに事業を開始した場合には、定額法と定率法のいずれかを選定し、事業を開始した年の翌年3月15日までに所轄税務署長に届出書を提出する。届け出をしなかった場合は**法定償却方法**（個人の場合は**定額法**）により償却をする。

ただし、次の資産は定額法しか選択できない。

① 1998年(平成10年)4月1日以後に取得した建物

② 2016年(平成28年)4月1日以後に取得した建物附属設備および構築物

なお、償却方法を変更する場合には、変更しようとする年の3月15日までに変更承認申請書を提出しなければならない。

3 年の中途で業務の用に供した場合

その年中に使用した月数だけ減価償却費を計上する。

$$年償却費 \times \frac{業務の用に供していた月数（1月未満切上げ）}{12}$$

■設例

次の資料に基づき、本年分の必要経費に算入すべき償却費の額を計算しなさい。
〔資　料〕
機械は定額法、車両は定率法を選定している。

種　類	事業供用年月	取得価額	償却費の額の累　積　額	耐用年数	償却率
機　械	本年３月	3,216,000円	——	15年	0.067
車　両	前年７月	4,500,000円	900,000円	５年	0.400

【解　答】
(1)　機械
$3{,}216{,}000円 \times 0.067 \times \frac{10}{12} = 179{,}560円$

(2)　車両
$(4{,}500{,}000円 - 900{,}000円) \times 0.400 = 1{,}440{,}000円$

4 定率法の償却費の計算方法

定率法は、取得価額から償却費の累積額を控除した金額に償却率を乗じて計算する。期首簿価に償却率を乗じるため、通常の償却を続けると簿価が１円に達するまでに、耐用年数よりもはるかに長い年数がかかってしまう。

そこで、一定の年数が経過した後は、均等償却に切り替えることで、耐用年数経過時に償却を終了することができるようになっている。

①　調整前償却額 ≧ 償却保証額の場合
期首簿価 × 定率法償却率
②　調整前償却額 ＜ 償却保証額の場合
改定取得価額 × 改定償却率

■計算例

耐用年数10年、取得価額1,000,000円
定率法の償却率 ……………… 0.200
改定償却率 …………………… 0.250
保証率 ………………………… 0.06552

（単位：円）

年数	1	2	3	4	5	6	7	8	9	10
期首帳簿価額	1,000,000	800,000	640,000	512,000	409,600	327,680	262,144	196,608	131,072	65,536
調整前償却額	200,000	160,000	128,000	102,400	81,920	65,536	52,429			
償却保証額	65,520	65,520	65,520	65,520	65,520	65,520	65,520			
改定取得価額×改定償却率							65,536	65,536	65,536	(65,536)
償却限度額	200,000	160,000	128,000	102,400	81,920	65,536	65,536	65,536	65,536	65,535
期末帳簿価額	800,000	640,000	512,000	409,600	327,680	262,144	196,608	131,072	65,536	1

（注）調整前償却額（262,144円×償却率0.200＝52,428円）が、償却保証額（取得価額1,000,000円×保証率0.06552 ＝ 65,520円）に満たないこととなる７年目以降は、改定取得価額（７年目の期首帳簿価額262,144円）に改定償却率（0.250）を乗じて計算した金額65,536円が償却限度額となる。

（出所）国税庁HP

5 中古資産の耐用年数

中古資産を取得して事業の用に供した場合には、その資産の耐用年数は、法定耐用年数ではなく、その事業の用に供したとき以後の使用可能期間として合理的に見積もった年数による。ただし、耐用年数を見積もることが困難である場合には、次により耐用年数を求める。

① 法定耐用年数を全部経過している場合
法定耐用年数 × 20%
② 法定耐用年数を一部経過している場合
(法定耐用年数 − 経過年数) ＋ 経過年数 × 20%

（注）１年未満の端数は切捨て、２年未満は２年とする。

■設例

次の中古資産の耐用年数を求めなさい。なお、耐用年数を見積もることは困難である。
(1) 法定耐用年数15年の備品で、８年間使用されたもの
(2) 法定耐用年数５年の車両で、４年間使用されたもの

【解　答】
(1) (15年－８年)＋８年×0.2＝8.6年 → ８年
(2) (５年－４年)＋４年×0.2＝1.8年 → ２年

6 少額減価償却資産

使用可能期間が１年未満のもの、または取得価額が10万円未満のものについては、取得価額の全額を事業の用に供した年分の必要経費に算入する。

ただし、**中小企業者**（常時使用する従業員数が**500人以下**の個人をいう）である**青色申告者**は、**取得価額30万円未満**（**年間300万円を限度**）の資産については、取得価額の全額を事業の用に供した年分の必要経費に算入することができる。

ただし、貸付け（主な事業として行われる場合を除く）の用に供した資産は対象外となる。

7 一括償却資産

取得価額が20万円未満のもの（上記6のただし書きの適用を受けるものを除く）については次のいずれかの方法による。

① 通常どおり減価償却を行う。
② 取得価額を３年間で均等償却を行う。

ただし、貸付け（主な事業として行われる場合を除く）の用に供した資産は３年均等償却を選択することはできない。

POINT!

- **所得税の法定償却方法は定額法。**
- **青色申告者は30万円未満（年間300万円を限度）の資産は、取得価額の全額を必要経費に算入できる。**

10 事業所得――資産損失等

1 貸倒損失

(1) 事業所得、事業的規模の不動産所得

事業の遂行上生じた売掛金などについて貸倒れが生じた場合には、以下の区分に応じ、その損失額を損失が生じた年分の必要経費に算入することができる。

	要　件	必要経費に算入することができる金額
法律上の貸倒れ	・更生計画認可の決定等により切り捨てられた場合 ・債務者に対し書面で債務免除を通知した場合	・その切り捨てられた金額 ・通知した金額
事実上の貸倒れ	債務者の資産状況等から、貸金等の全額の回収不能が明らかな場合	その貸金等の金額 (担保物がある場合には、担保物を処分した場合に限る)
売掛債権の特例	・取引停止から、もしくは取引停止後に最後の弁済が行われてから1年以上弁済がない場合 ・売掛債権の総額が取立費用に満たない場合で、督促しても弁済がない場合	売掛債権から1円の備忘価額を控除した金額

(2) 事業的規模以外の不動産所得

事業的規模以外の不動産所得について、賃貸料等の回収不能による貸倒れが生じた場合には、その収入を計上した年分までさかのぼって、その回収不能額に対応する所得がなかったものとして、所得金額を計算しなおす。

2 貸倒引当金

取引先が倒産して、売掛金や貸付金が回収不能となることなどにより、将来発生する費用や損失を見込み計上した金額は、貸倒引当金として必要経費に算入できる。

(1) 個別評価金銭債権

事業所得または不動産所得を生ずべき事業の遂行上生じた売掛金、貸付金などの金銭債権について、事実上回収不能となっている場合には、以下の区分に応じ、貸倒引当金を設定することができる。なお、個別評価の貸倒引当金は、**白色申告者でも繰り入れることができる。**

区　　分	繰入限度額
更生計画認可の決定、再生計画認可の決定などにより弁済が猶予され、または賦払いにより弁済される場合	翌年１月１日から５年を経過する日までに弁済される金額以外の金額 （担保権の実行等により、回収の見込みがあると認められる部分を除く）
債務者の債務超過の状態が相当期間継続し、回収の見込みがない場合	回収の見込みがない金額
更生手続き開始の申立て等があった場合	金銭債権の100分の50に相当する金額 （担保権の実行等により、回収の見込みがあると認められる部分を除く）

（2）一括評価金銭債権

青色申告者である事業所得者が、その有する金銭債権（個別評価貸金等を除く）については、以下の金額を貸倒引当金として必要経費に算入することができる。

$$\text{その年の12月31日現在の貸金の帳簿価額の合計額} \times \frac{55}{1,000}\left(\text{金融業は}\frac{33}{1,000}\right)$$

11 給与所得

1 給与所得の意義

給与所得とは、俸給、給料、賃金、歳費および賞与ならびにこれらの性質を有する給与に係る所得をいう。

2 給与所得の計算方法

給与所得の金額 ＝ 収入金額 － 給与所得控除額※

※　給与収入を得るためにも必要経費があるが、その実額を認めることは技術的に困難であるため、原則として概算経費としての給与所得控除額を控除することとしている。

■給与所得控除額

給与等の収入金額が850万円を超えた場合、給与所得控除額は上限の195万円となる。

収入金額		給与所得控除額
	180万円以下	収入金額×40％－10万円 55万円に満たない場合は55万円
180万円超	360万円以下	収入金額×30％＋8万円
360万円超	660万円以下	収入金額×20％＋44万円
660万円超	850万円以下	収入金額×10％＋110万円
850万円超		195万円

3 所得金額調整控除

居住者で、給与等の収入金額が850万円を超える者が、障害者や扶養親族などを有している場合または給与所得と公的年金等に係る雑所得がある者については税負担軽減のために所得金額調整控除が設けられている。

(1) 給与所得のみを有する場合

その年中の給与等の収入金額が850万円を超える居住者で次のいずれかの要件に該当する者に適用される。

①　本人が特別障害者であること

②　23歳未満の扶養親族を有すること

③　特別障害者である同一生計配偶者または扶養親族を有すること

■控除額

次の算式により計算した金額を給与所得の金額から控除する。

{給与等の収入金額（1,000万円を超える場合は1,000万円）−850万円}×10%

（注）この控除は年末調整で受けることができる。

(2) 給与所得と公的年金等に係る雑所得を有する場合

その年中の給与所得控除後の給与等の金額および公的年金等に係る雑所得の金額がある居住者で、給与所得控除後の給与等の金額および公的年金等に係る雑所得の金額の合計額が10万円を超える場合に適用される。

■控除額

次の算式により計算した金額を給与所得の金額から控除する。

給与所得控除後の給与等の金額（10万円を超える場合は10万円）＋公的年金等に係る雑所得の金額（10万円を超える場合は10万円）−10万円

4 特定支出の控除の特例

その年の特定支出の額の合計額が、給与所得控除額の２分の１を超える場合には、確定申告をすることにより、その超える部分の金額を、給与所得控除額に上乗せして、給与の収入金額から控除することができる。

特定支出とは、次の支出（給与等の支払者から補てんされる部分のうち、所得税が課税されない部分の金額を除く）をいう。

① 通勤費
② 職務上の旅費
③ 転勤に伴う転居費
④ 職務に直接必要な研修費
⑤ 職務に直接必要な資格取得費
⑥ 単身赴任者の帰宅旅費
⑦ 職務に関連する図書費・衣服費・交際費などの勤務必要経費（65万円を限度とする）

■特定支出の控除の特例を受ける場合の給与所得の金額

給与所得の金額 ＝ 給与の収入金額 − {給与所得控除額 ＋（特定支出の額の合計額 − 給与所得控除額 × $\frac{1}{2}$）}

■控除額

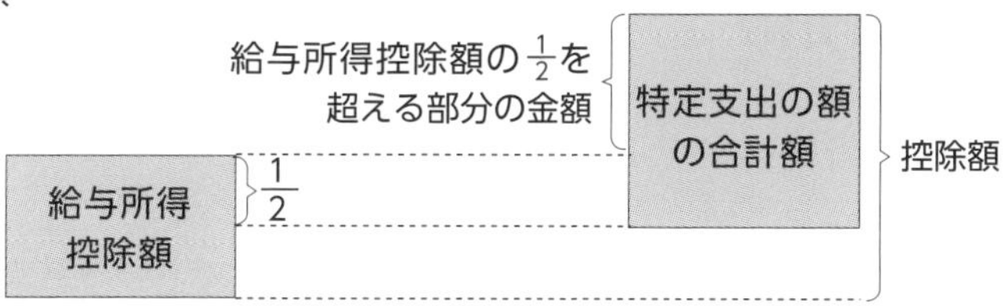

給与所得控除額の $\frac{1}{2}$ を超える部分の金額
特定支出の額の合計額
給与所得控除額
$\frac{1}{2}$
控除額

5 課税方法

総合課税。総所得金額に算入され、超過累進税率が適用される。ただし、給与所得は所得税が源泉徴収され、年末調整により税額の精算が行われるため、原則として確定申告は不要である。

6 給与所得の非課税

次に掲げる給与所得は非課税とされる。

① 出張および転勤に伴って支給される旅費で通常必要と認められるもの
② 通勤手当（月額15万円まで）
③ 制服等の現物給与

7 年末調整

給与等は、支払いの際所得税が源泉徴収される。「給与所得者の扶養控除等申告書」を提出した者で、その年中の給与等の金額が2,000万円以下であるものは、その年中の給与等に係る源泉徴収税額が、その年最後の給与等を受けるときの現況により計算した年税額に比し過不足額があるときは、その過不足額は、その年最後に給与等の支払いを受けるときに年末調整により精算される。したがって、給与等の金額が2,000万円以下の者は、通常は確定申告をする必要がない。

8 確定申告

給与所得者であっても、以下に該当する者は確定申告が必要である。

① 給与等の金額が2,000万円を超える場合
② 給与所得および退職所得以外の所得の金額の合計額が20万円を超える場合
③ 2カ所以上から給与等の支払いを受けている場合

POINT!

- **給与所得は、所得税が源泉徴収され、年末調整で所得税の精算が行われるため、原則として確定申告は必要ない。**
- **給与等の金額が2,000万円を超える場合、給与および退職所得以外の所得が20万円を超える場合、2カ所以上から給与を受けている場合は確定申告が必要である。**

12 退職所得

1 退職所得の意義

退職所得とは、退職手当、一時恩給その他の退職により一時に受ける給与およびこれらの性質を有する給与に係る所得をいう。

次の所得も退職所得となる。

① 国民年金法、厚生年金保険法等に基づく一時金
② 確定給付企業年金法に基づく一時金
③ 解雇予告手当

（注１）退職手当等を年金により受け取る場合には、雑所得となる。
（注２）死亡後３年以内に支給が確定した死亡退職手当金等……相続税の課税
（注３）死亡後３年を超えて支給が確定した死亡退職手当金等……所得税(一時所得)の課税

2 退職所得の計算方法

退職所得の金額 ＝（収入金額 − 退職所得控除額）× $\frac{1}{2}$

ただし、退職手当等が以下に該当する場合には、それぞれに定める方法により計算する。

(1) 特定役員退職手当等

特定役員退職手当等とは、役員等としての勤続年数が５年以下である者が支払いを受けるものをいい、２分の１課税は適用しない。

退職所得の金額＝収入金額−退職所得控除額

(2) 短期退職手当等

短期退職手当等とは、役員等以外の者で勤続年数が５年以下である者が支払いを受けるものをいい、次の区分に応じ、以下のように計算する。

① 収入金額−退職所得控除額≦300万円の場合

退職所得の金額 ＝（収入金額 − 退職所得控除額）× $\frac{1}{2}$

② 収入金額−退職所得控除額＞300万円の場合

退職所得の金額＝150万円＋{収入金額−(300万円＋退職所得控除額)}

■退職所得控除額

勤続年数	退職所得控除額
20年以下	40万円×勤続年数 〔80万円に満たない場合は80万円〕
20年超	800万円+70万円×(勤続年数−20年)

(注1) 勤続年数の1年未満の端数は切り上げる。
(注2) 障害者となったことに直接基因して退職した場合は、上記の金額に100万円を加算する。
(注3) 長期の欠勤や病気により休職した期間も、勤続年数に含める。
(注4) 子会社への出向など他社勤務期間があり、その期間も支給対象期間に含められている場合には、他社勤務期間も含めて勤続年数を算定する。
(注5) 関連会社の役員を兼任しているなどにより、同一年中に2以上の退職手当等の支給を受ける場合には、原則として最も長い期間を勤続期間とする。ただし、重複しない期間については、最も長い期間に加算する。

3 課税方法と源泉徴収

退職所得の金額は、分離課税とされ、その支払いの際所得税および復興特別所得税が源泉徴収される。源泉徴収税額は次のように計算される。

(1)「退職所得の受給に関する申告書」を提出した場合

退職所得の金額に超過累進税率を適用して計算された所得税および復興特別所得税が源泉徴収されるため、確定申告は必要ない。

(2)「退職所得の受給に関する申告書」を提出しなかった場合

退職手当等の金額の20.42%の所得税および復興特別所得税が源泉徴収される。この場合は確定申告をすることにより、適正税額との差額は還付される。

なお、住民税は「退職所得の受給に関する申告書」の提出の有無にかかわらず、退職所得の金額に10%の税率により計算された住民税が特別徴収される。

■設例

居住者であるＡさんは、本年中に勤続年数37年４カ月でＢ社を退職し、退職金を3,000万円（支給総額）受け取ることとなった。この場合の退職所得の金額を求めなさい。なお、Ａさんは役員ではない。また、障害者となったことにより退職したものではない。

【解　答】

⑴ 収入金額　3,000万円

⑵ 退職所得控除額

800万円＋70万円×（38年※－20年）＝2,060万円

※　37年４カ月→38年（１年未満切上げ）

⑶ （3,000万円－2,060万円）× $\frac{1}{2}$ ＝470万円

POINT!

退職所得控除額

①　勤続年数が20年以下の部分は１年につき40万円

②　勤続年数が20年を超える部分は１年につき70万円

③　①＋②＝退職所得控除額

13 山林所得

1 山林所得の意義

山林所得とは、山林の伐採または譲渡による所得をいう。ただし、山林の保有期間が5年以下の場合は、事業所得または雑所得となる。

2 山林所得の計算方法

山林所得の計算 ＝ 総収入金額 － 必要経費 － 特別控除50万円（－ 青色申告特別控除最高10万円）

青色申告特別控除には最高55万円（65万円）の適用はない。

3 課税方法

山林所得の金額は、分離課税とされ超過累進税率が適用されるが、税率を緩和するために、5分5乗方式※が採用されている。

※　課税山林所得金額×$\frac{1}{5}$×税率×5

14 譲渡所得

1 譲渡所得の意義

譲渡所得とは、資産の譲渡による所得をいい、次の場合も譲渡所得となる。

① 資産の交換
② 土地等の収用
③ 現物出資
④ 借地権の設定により受ける権利金は原則として不動産所得となる。ただし次に該当する場合には譲渡所得となる。

権利金の額 ＞ 土地の時価 × $\frac{1}{2}$

次の所得は譲渡所得にならない。

① 棚卸資産の譲渡による所得……事業所得
② 山林の伐採または譲渡による所得……山林所得、事業所得または雑所得

2 譲渡所得の区分

譲渡した資産の種類、所有期間によって次の６つに区分して譲渡所得の金額を計算する。

区　分		内　　容
分離課税	分離短期譲渡所得	土地建物等の譲渡で、取得の日の翌日から譲渡年の１月１日までの所有期間が５年以内のもの
	分離長期譲渡所得	土地建物等の譲渡で、取得の日の翌日から譲渡年の１月１日までの所有期間が５年超のもの
	上場株式等に係る譲渡所得	上場株式等、特定公社債等の譲渡による所得
	一般株式等に係る譲渡所得	非上場株式等、一般公社債等の譲渡による所得
総合課税	総合短期譲渡所得	上記以外の資産の譲渡で、取得から譲渡までの保有期間が５年以内のもの
	総合長期譲渡所得	上記以外の資産の譲渡で、取得から譲渡までの保有期間が５年超のもの

（注１）株式等の譲渡については、所有期間による長期・短期の区別はない。
（注２）自己の研究の成果である特許権、実用新案権の譲渡、自己の著作に係る著作権の譲渡による所得は、所有期間が５年以内でも総合長期譲渡所得となる。
（注３）ゴルフ会員権の譲渡は総合課税の譲渡所得となる。

3 取得の日と譲渡の日

所有期間が長期か短期かを判定するためには、いつ取得していつ譲渡したのかを明確にする必要がある。資産の取得日と譲渡日の判定は以下のように定められている。

取得の日：その資産の引渡しを受けた日または契約効力発生の日

譲渡の日：その資産を引き渡した日または契約効力発生の日

(注)「取得の日」と「譲渡の日」は判定基準を同一にする必要はなく、取得の日を引渡しを受けた日とし、譲渡の日を契約効力発生日とすることもできる。

4 譲渡所得の金額の計算方法

区　分	算　式
分離短期譲渡所得 分離長期譲渡所得	総収入金額－(取得費＋譲渡費用)
上場株式等に係る譲渡所得 一般株式等に係る譲渡所得	総収入金額－(取得費＋譲渡費用＋負債の利子)
総合短期譲渡所得 総合長期譲渡所得	総収入金額－(取得費＋譲渡費用)－特別控除50万円

（注１）特別控除の額は全体で50万円で、まず総合短期譲渡所得から控除する。

（注２）総合長期譲渡所得の金額は、その$\frac{1}{2}$が総所得金額に算入される。

5 総収入金額

譲渡所得の総収入金額は、原則としてその年において資産の譲渡により収入すべきことが確定した金額をいうのであるが、以下の場合にはそれぞれの金額とする。

(1) 法人に対する資産の移転

・法人に対して贈与、遺贈、低額譲渡（時価の２分の１未満の価額による譲渡）があった場合
　→贈与、遺贈、譲渡があったときの時価で資産を譲渡したものとみなす。

(2) 個人に対する資産の移転

・限定承認に係る相続、限定承認に係る包括遺贈があった場合
　→被相続人が時価で譲渡したものとみなす。

(3) 個人に対する低額譲渡

・譲渡益が生ずる場合
　→その対価の額により譲渡所得の金額を計算する。

・譲渡損失が生ずる場合
　→その対価の額により譲渡所得の金額を計算し、譲渡損失はなかったものとみなす。

6 取得費

(1) 減価しない資産

取得費 ＝ 取得価額（設備費、改良費を含む。(2) においても同様）

(2) 減価する資産

譲渡した資産が時の経過とともに減価する資産である場合には、取得価額から、その保有期間中の減価相当額を控除した金額とし、譲渡資産の区分に応じ次のように計算する。

① 業務の用に供されていた資産

取得費 ＝ 取得価額 － 減価償却累計額

② 非業務用資産

取得費 ＝ 取得価額 － 減価の額

減価の額は旧定額法に準じて計算する。

減価の額 ＝ 取得価額 × 0.9 × 耐用年数の1.5倍の年数に応じた旧定額法の償却率※1 × 経過年数※2

※1　耐用年数を1.5倍した年数は、1年未満切捨てとする。

※2　経過年数は6カ月以上は切上げ、6カ月未満は切捨てとする。

(3) 概算取得費

取得費が不明な場合には、次の算式により計算した概算取得費により譲渡所得の金額を計算することができる。概算取得費は、実際の取得費が不明な場合だけでなく、実際の取得費が明らかな場合でも、実際の取得費と概算取得費を比較してどちらか有利な方を選択することができる。

概算取得費 ＝ 譲渡による収入金額 × 5％

(4) 特殊な場合の取得費

① 贈与、相続または遺贈により取得した資産の取得費

贈与、相続または遺贈により取得した資産を譲渡する場合の取得費は、死亡した者や贈与した者の取得費がそのまま取得した者に引き継がれる。

また、取得時期も引き継がれるため、死亡した者や贈与した者が取得したときから、相続や贈与により取得した者が譲渡したときまでの所有期間により長期か短期かを判定することになる。

② 低額譲渡（時価の2分の1未満）、かつ譲渡損失が生じた資産の取得費

贈与、相続または遺贈により取得した資産の取得費と同様に、低額譲渡した者の取得費を引き継ぐ。

■設例

Aさんは4年前に母から贈与により取得した骨とう品（贈与時の時価2,100,000円）を本年Xに3,000,000円で譲渡した。譲渡所得の金額を計算しなさい。
なお、この骨とう品は、母が20年前に650,000円で取得したものである。

【解　答】
取得時期は母の取得時期を引き継ぐため総合長期譲渡所得となる。
(1)　収入金額　3,000,000円
(2)　取得費　母の取得費650,000円を引き継ぐ。
ただし、概算取得費と比較し、有利な方を選択できる。
650,000円＞概算取得費　3,000,000円×５％＝150,000円
∴650,000円
(3)　譲渡所得の金額　3,000,000円－650,000円－500,000円（特別控除）＝1,850,000円

（5）相続税額の取得費加算

相続または遺贈により取得した財産を、相続開始の日の翌日から、相続税の申告期限の翌日以後３年を経過する日までの間に譲渡した場合には、その譲渡した資産に対応する部分の相続税額を、その資産の取得費に加算することができる。

■相続税額の取得費加算の適用がある期間

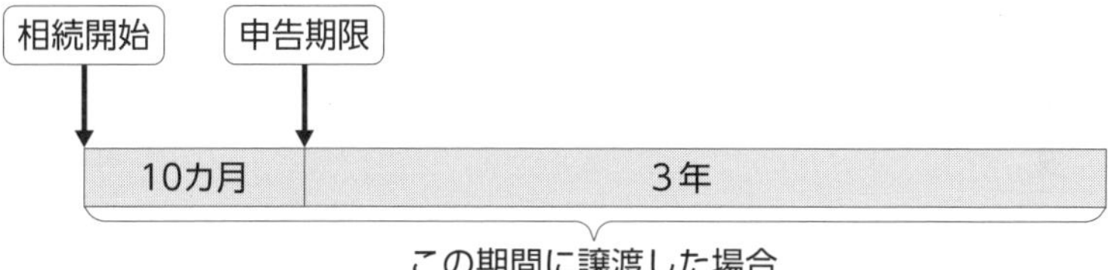

■加算額の計算

$$加算額 = 相続税額 \times \frac{譲渡した資産の相続税評価額}{財産を譲渡した者の相続税の課税価格（債務控除前の金額）}$$

（注）取得費に加算できる相続税額は、この規定の適用前の譲渡所得の金額を限度とする。

■設例

昨年父から相続したＡ土地を本年10月に42,000,000円で譲渡した。譲渡所得の金額を計算しなさい。

(1) 父が死亡する30年前に取得したＡ土地の取得価額　　600,000円

(2) 父死亡時におけるＡ土地の相続税評価額　　18,000,000円

また、父の相続に係る相続財産（相続税の課税価格は60,000,000円）について相続税額2,130,000円を支払っている。

【解　答】

取得時期は父の取得時期を引き継ぐため分離長期譲渡所得となる。

(1) 収入金額　42,000,000円

(2) 取得費　父の取得費600,000円を引き継ぐ。
ただし、概算取得費と比較し、有利な方を選択できる。
600,000円＜概算取得費　42,000,000円×５％＝2,100,000円
∴2,100,000円

(3) 取得費に加算する相続税額

$$2{,}130{,}000円 \times \frac{18{,}000{,}000円}{60{,}000{,}000円} = 639{,}000円$$

(4) 譲渡所得の金額
42,000,000円－(2,100,000円＋639,000円)＝39,261,000円

7 譲渡費用

譲渡費用となるものは、譲渡のために直接要した費用で、具体的には次のようなものが該当する。

① 土地や建物を譲渡するために支払った仲介手数料
② 借家人に対する立退料
③ 土地を譲渡するために建物を取り壊した場合の取壊し費用
④ すでに売買契約を締結している資産をさらに有利な条件で他に譲渡するため、既契約の解除に伴って支払った違約金

(注) 修繕費、固定資産税など資産の維持管理のために要した費用は譲渡費用とならない。

8 内部通算

６区分の譲渡所得の金額のうちに、赤字の所得と黒字の所得がある場合、次のように譲渡益と譲渡損失を相殺する。

(1) 総合短期と総合長期との通算

総合短期の譲渡損失は、総合長期の譲渡益と通算し、反対に総合長期の譲渡損失は、総合短期の譲渡益と通算する。

総合課税の譲渡損失は、分離課税の譲渡益とは通算できない。

(2) 分離短期と分離長期との通算

分離短期の譲渡損失は、分離長期の譲渡益と通算し、反対に分離長期の譲渡損失は、分離短期の譲渡益と通算する。

分離短期、分離長期の譲渡損失は、総合課税の譲渡益、株式等の譲渡益とは通算できない。

(3) 株式の譲渡損失と株式の譲渡益との通算

上場株式等の譲渡損失は、他の上場株式等の譲渡益と通算できる。また、一般株式等の譲渡損失は、他の一般株式等の譲渡益と通算できる。ただし上場株式等の譲渡損益と一般株式等の譲渡損益との間では、損失の通算はできない。

また、上場株式等の譲渡損失および一般株式等の譲渡損失は、他の譲渡益（総合課税、分離短期、分離長期）と通算はできない。

■具体例

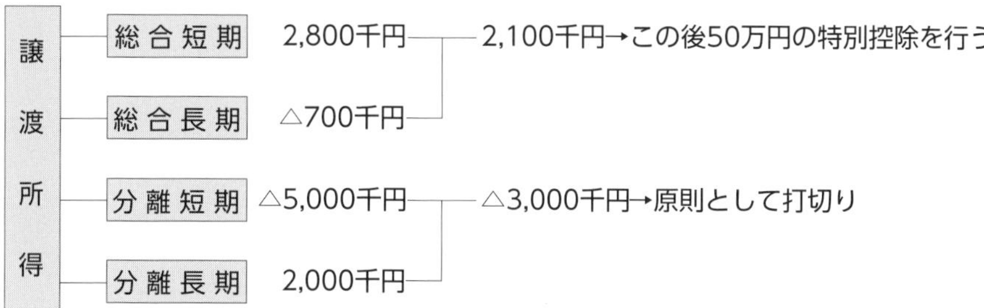

9 譲渡所得の非課税

① 生活に通常必要な動産の譲渡
ただし、貴金属、書画、骨とう品等で1個または1組の価額が30万円を超えるものは課税される。なお、生活に通常必要な動産の譲渡により、譲渡損失が生じた場合にも、その譲渡損失はなかったものとみなされる。

② 資力を喪失して、債務を弁済することが著しく困難である場合における強制換価手続等による資産の譲渡による所得

③ 国または地方公共団体に対する財産の贈与

④ 国または地方公共団体に対する重要文化財の譲渡による所得

⑤ 相続財産の物納による所得
ただし、超過物納による過誤納金については課税される。

15 譲渡所得——株式の譲渡による所得

1 株式等の範囲

① 株式（新株予約権を含む）
② 法人の出資者の持分、合名・合資・合同会社の社員の持分
③ 新株予約権付社債
④ 株式投資信託の受益証券
⑤ 公社債等など

2 株式等に係る譲渡所得等の金額の計算

株式等に係る譲渡所得等の金額 ＝ 総収入金額 －（取得費 ＋ 譲渡費用 ＋ 負債の利子）

① 取得費
　原則として個別の取得費による。ただし、同一銘柄の株式を２回以上にわたって取得した場合には、総平均法に準ずる方法（いわゆる移動平均法）により求める。
② 負債の利子
　譲渡した株式等を取得するために要した負債の利子で、譲渡した年に支払う金額のうち、株式等の所有期間に対応する部分

3 課税方法と税率

株式等の譲渡所得の金額は、「上場株式等に係る譲渡所得等の金額」と「一般株式等※1に係る譲渡所得等の金額」に区分され、それぞれ別々に計算する。特定公社債等は上場株式等に含まれて、上場株式等と同様の取扱いとなり、一般公社債等は一般株式等に含まれて、一般株式等と同様の取扱いとなる。

税率はどちらも所得税15％※2、住民税５％の合計20％の率により課税される。

※１　一般株式等とは、上場株式等以外（非上場株式など）をいう。
※２　2037年まで復興特別所得税が上乗せされ、15.315％となる。

4 譲渡損失の取り扱い

（1）上場株式等の譲渡損失

① 上場株式等の譲渡損失は、他の上場株式等の譲渡益と内部通算ができる。
② 内部通算をしても控除しきれなかった損失の金額は、上場株式等の配当所得（申告分離課税を選択したものに限る）および特定公社債等の利子所得（申告分離課税を選択したものに限る）と損益通算ができる。

③　損益通算をしても控除しきれなかった上場株式等の損失の金額は、翌年以降3年間繰り越して、翌年以降の上場株式等の譲渡益、上場株式等の配当所得（申告分離課税を選択したものに限る）および特定公社債等の利子所得（申告分離課税を選択したものに限る）から控除することができる。

(2) 一般株式等の譲渡損失

一般株式等の譲渡損失と譲渡益の内部通算はできるが、他の所得との損益通算も、3年間の繰越控除もできない。

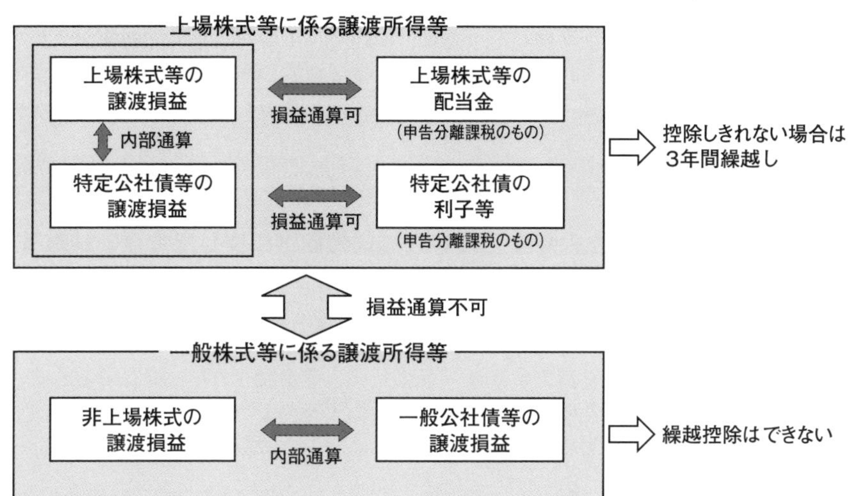

5 特定口座

(1) 特定口座とは

上場株式等や特定公社債等の譲渡による所得は、申告分離課税の対象となり、原則として納税者が所得計算および税額計算をして確定申告をしなければならない。しかし特定口座を開設した場合には、その特定口座内における上場株式等の譲渡所得等の金額の計算については、金融商品取引業者等が行うため、簡便に申告を行うことができる。

また、特定口座内で生じる所得に対して源泉徴収することを選択した場合には、所得税および住民税が源泉徴収されて納税が完結するため、原則として確定申告は不要となる。ただし、他の特定口座内で生じた上場株式等の譲渡損益と通算する場合には確定申告が必要である。

なお、上場株式等については、所得税と住民税で課税方法を統一させる必要がある。

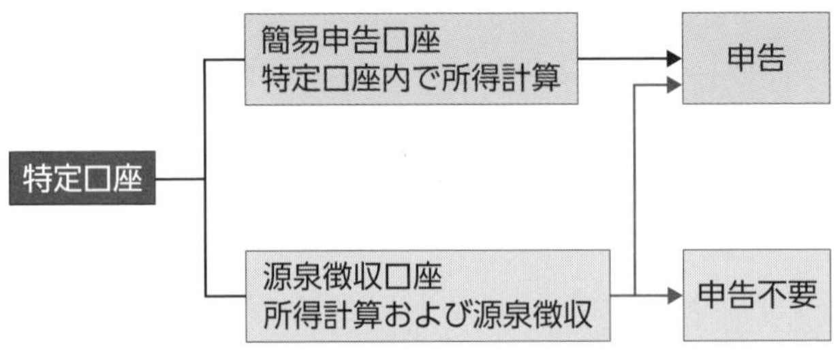

(2) 特定口座内での損益通算

源泉徴収口座を選択した場合、その源泉徴収口座に上場株式等の配当等および特定公社債等の利子等も受け入れることができる。源泉徴収口座内に上場株式等および特定公社債等の譲渡損失がある場合には、口座内で配当等や利子等との損益通算が行われるため、確定申告不要とすることができる。

6 特定中小会社が設立の際に発行した株式の取得に要した金額の控除等（スタートアップ企業支援）の特例

(1) 概要

居住者が、一定の要件を満たすスタートアップ企業が設立の際に発行する株式（特定株式）を払い込みにより取得した場合、一般株式等および上場株式等に係る譲渡所得等の金額から、その特定株式の取得に要した金額の合計額を控除する。

(2) 対象となるスタートアップ企業

① 設立の日以後の期間が１年未満の中小企業者であること。
② 販売費および一般管理費の出資金額に対する割合が100分の30を超えること。
③ 特定の株主グループの有する株式の総数が発行済株式総数の100分の99を超えないこと。
④ 金融商品取引所に上場されていないこと。
⑤ 発行済株式総数の２分の１を超える株式を一つの大規模法人等に所有されていない、または発行済株式総数の３分の２以上を大規模法人等に所有されていないこと。

7 ストックオプション

(1) 概要

ストックオプション制度とは、会社が取締役や従業員に対して、あらかじめ定められた価額（権利行使価額）で会社の株式を取得することのできる権利を与える制度である。権利を行使した時点で行使時の時価が権利行使価額を上回っている部分は原則として給与所得として課税されるが、税制適格ストックオプションの場合、権利行使時の課税は繰り延べられ、株式売却時に売却価額と権利行使価額との差額は譲渡所得として課税される。

■具体例

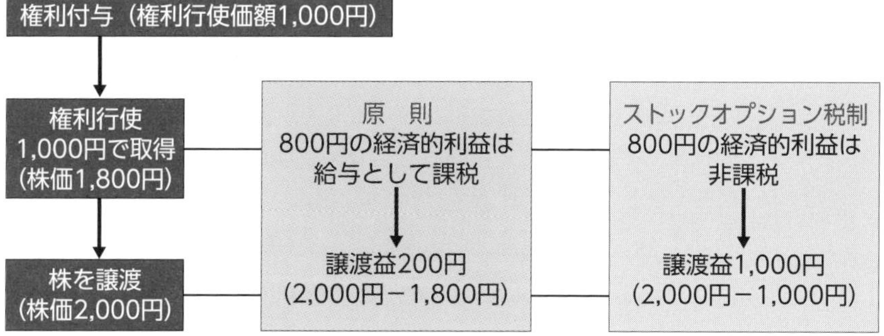

(2) 権利行使価額の年間行使限度額

① 原則

1,200万円

② 設立の日以後の期間が５年未満の株式会社が付与する新株予約権

2,400万円

③ 一定の株式会社※が付与する新株予約権

3,600万円

※ 設立の日以後の期間が５年以上20年未満である非上場会社または設立の日以後の期間が５年以上20年未満である上場会社のうち上場等の日以後の期間が５年未満であるもの

設立年数等		非上場会社	上場会社
５年未満		2,400万円	
５年以上20年未満	非上場	3,600万円	
	上場後５年未満		3,600万円
	上場後５年以上		1,200万円
20年以上		1,200万円	

16 一時所得

1 一時所得の意義

一時所得とは、営利を目的とする継続的行為から生じた所得以外の所得で、労務や役務の対価としての性質や資産の譲渡による対価としての性質を有しない一時の所得をいい、次のようなものが一時所得に該当する。

① 懸賞や福引の賞金品（業務に関して受けるものを除く）
② 競馬や競輪の払戻金
③ 生命保険の一時金（業務に関して受けるものを除く）
④ 損害保険契約の満期返戻金
⑤ 法人から贈与された金品（業務に関して受けるもの、継続的に受けるものは除く）
⑥ 遺失物拾得者や埋蔵物発見者の受ける報労金等
⑦ 人格のない社団等の解散により受ける清算分配金または脱退により受ける持分の払戻金
⑧ 売買契約が解除された場合に取得する手付金または償還金
⑨ 借家人などが受領する一定の立退料

2 一時所得の計算

一時所得の金額 ＝ 総収入金額 － その収入を得るために支出した金額 － 特別控除50万円

3 課税方法

総合課税。一時所得の金額の２分の１が総所得金額に算入され、超過累進税率が適用される。

4 一時所得の非課税

① 身体の傷害に基因して支払いを受ける損害保険金、心身に加えられた損害につき支払いを受ける慰謝料その他の損害賠償金
② 資産の損害に基因して支払いを受ける損害保険金、不法行為その他突発的な事故により資産に加えられた損害につき支払いを受ける損害賠償金
③ 宝くじの当選金品
④ ノーベル賞の賞金品
⑤ オリンピック大会またはパラリンピック大会の成績優秀者の表彰金品

17 雑所得

1 雑所得の意義

雑所得とは、他の9種類の所得のいずれにも該当しない所得をいい、次のようなものがある。

(1) 公的年金等

① 国民年金法、厚生年金保険法に基づく年金
② 過去の勤務先から支給される年金、恩給
③ 確定給付企業年金、確定拠出年金

(2) 公的年金等以外

① 生命保険契約等に基づく年金
② 定期積金等の給付補てん金
③ 所得税、住民税等の還付加算金
④ 株主優待等
⑤ 暗号資産取引により生じた損益（その取引が事業と認められる場合を除く）

2 雑所得の計算

公的年金等と公的年金等以外に分けて計算をする。

① 公的年金等 ＝ 収入金額 － 公的年金等控除額
② 公的年金等以外 ＝ 総収入金額 － 必要経費
③ 雑所得の金額 ＝ ① ＋ ②

■公的年金等控除額

〈65歳未満〉

公的年金等の収入金額(A)	公的年金等に係る雑所得以外の所得に係る合計所得金額		
	1,000万円以下	1,000万円超 2,000万円以下	2,000万円超
130万円以下	60万円	50万円	40万円
130万円超 410万円以下	(A)×25％＋27万５千円	(A)×25％＋17万５千円	(A)×25％＋７万５千円
410万円超 770万円以下	(A)×15％＋68万５千円	(A)×15％＋58万５千円	(A)×15％＋48万５千円
770万円超 1,000万円以下	(A)×５％＋145万５千円	(A)×５％＋135万５千円	(A)×５％＋125万５千円
1,000万円超	195万５千円	185万５千円	175万５千円

〈65歳以上〉

公的年金等の収入金額(A)	公的年金等に係る雑所得以外の所得に係る合計所得金額		
	1,000万円以下	1,000万円超 2,000万円以下	2,000万円超
330万円以下	110万円	100万円	90万円
330万円超 410万円以下	(A)×25％＋27万５千円	(A)×25％＋17万５千円	(A)×25％＋７万５千円
410万円超 770万円以下	(A)×15％＋68万５千円	(A)×15％＋58万５千円	(A)×15％＋48万５千円
770万円超 1,000万円以下	(A)×５％＋145万５千円	(A)×５％＋135万５千円	(A)×５％＋125万５千円
1,000万円超	195万５千円	185万５千円	175万５千円

3 課税方法

総合課税。総所得金額に算入されて、超過累進税率が適用される。

4 確定申告不要制度

公的年金等の収入金額が400万円以下であり、かつ、その年分の公的年金等に係る雑所得以外の所得金額が20万円以下である場合には確定申告の必要はない。ただし、この場合であっても、例えば、医療費控除による所得税の還付を受けるための確定申告をすることはできる。

5 金融類似商品

次に掲げる金融類似商品については、一律20%（所得税15%※、住民税５%）の税率による源泉分離課税が適用され、源泉徴収だけで課税関係が終了するため、確定申告は必要ない。

① 定期積金の給付補てん金、相互掛金の給付補てん金
② 抵当証券の利息
③ 外貨建預貯金で、為替予約が付されている場合の換算差益
④ 一時払養老保険、一時払損害保険の差益（保険期間が５年以下のもの、または保険期間が５年超でも５年以内に解約したもの（一時払終身保険を除く））

※ 復興特別所得税を考慮すると15.315%。

■設例

次の資料に基づき、居住者であるＡさん（年齢67歳）の本年分の雑所得の金額を計算しなさい。なお、本年分のＡさんの所得は以下の資料のとおりである。

〔資　料〕

1．Ａさんは、本年中に確定給付企業年金法に基づく年金（10年の有期年金）1,050,000円の支給を受けている。

2．Ａさんは、本年中に生命保険契約に基づく年金820,000円の支給を受けた。支払った保険料のうち、この年金の必要経費に相当する金額は254,200円である。

【解　答】

1．公的年金等
- ⑴ 収入金額　1,050,000円
- ⑵ 公的年金等控除額　1,100,000円
- ⑶ 1,050,000円＜1,100,000円　∴　0円

2．その他の雑所得
- ⑴ 総収入金額　820,000円
- ⑵ 必要経費　254,200円
- ⑶ 820,000円－254,200円＝565,800円

3．雑所得の金額
0円＋565,800円＝565,800円

チェックテスト

⑴　１年以上の予定で海外支店勤務や海外子会社に出向する場合は非居住者となる。

⑵　上場株式の配当金について、申告分離課税を選択した場合には、配当控除を受けることはできるが、上場株式の譲渡損失との損益通算はできない。

⑶　事業的規模以外の不動産所得は、貸借対照表を作成していても青色申告特別控除は最高10万円しか控除できない。

⑷　事業税、住民税は事業所得の金額の計算上、必要経費に算入できる。

⑸　給与所得者が、特定支出の特例を受ける場合には、確定申告が必要である。

⑹　「退職所得の受給に関する申告書」を提出しなかった場合には退職金の額の10％が源泉徴収される。

⑺　譲渡所得の金額の計算において、取得費が不明の場合の概算取得費は「収入×３％」により計算する。

⑻　上場株式の譲渡損失と給与所得は損益通算ができない。

⑼　特定口座のうち、源泉徴収口座を選択した場合には、所得税のみが徴収され、住民税は徴収されない。

⑽　総所得金額に算入する一時所得の金額は、「総収入金額－支出額－50万円」により計算した金額である。

解答

⑴　○　⑵　×　⑶　○　⑷　×　⑸　○
⑹　×　⑺　×　⑻　○　⑼　×　⑽　×

第2章
損益通算および損失の繰越控除

過去の出題状況	2022.5	2022.9	2023.1	2023.5	2023.9	2024.1
所得金額調整控除		☆	☆	☆		
損益通算	☆	☆	☆	☆	☆	☆
繰越控除					☆	
繰戻還付						

1．　損益通算

10種類の各種所得の金額に損失がある場合には、一定の順序に従って他の黒字の各種所得の金額と通算する。損益通算ができるのは次の４つの所得の金額の計算上生じた損失の金額である。

①　不動産所得
②　事業所得
③　山林所得
④　譲渡所得（原則として総合課税の譲渡所得のみ）

2．　純損失の繰越控除

純損失の金額とは、損益通算をしても控除しきれない部分の金額をいい、次のように取り扱う。

・損失が発生した年に青色申告書を提出した場合
　→純損失の全額を３年間繰り越す
・損失が発生した年に白色申告書を提出した場合
　→純損失の金額のうち次のものだけが３年間繰り越される
　①　変動所得の金額の計算上生じた損失の金額
　②　被災事業用資産の損失の金額

3．　雑損失の繰越控除

所得控除の１つである、「雑損控除」の適用を受けても控除しきれなかった損失の金額は、３年間繰り越すことができる。

1 全体像

各種所得の金額

利子所得の金額 / 配当所得の金額 / 不動産所得の金額 / 事業所得の金額 / 給与所得の金額※ / 雑所得の金額 / 譲渡所得の金額（総合短期・総合長期） / 一時所得の金額 / 上場株式等に係る配当所得等の金額 / 譲渡所得の金額（分離短期譲渡所得の金額・分離長期譲渡所得の金額・上場株式等に係る譲渡所得の金額・一般株式等に係る譲渡所得の金額） / 山林所得の金額 / 退職所得の金額

↓

損　益　通　算

↓（総合長期 ×1/2、一時所得 ×1/2）

課税標準

合計所得金額

総所得金額 / 上場株式等に係る配当所得等の金額 / 短期譲渡所得の金額 / 長期譲渡所得の金額 / 上場株式等に係る譲渡所得等の金額 / 一般株式等に係る譲渡所得等の金額 / 山林所得金額 / 退職所得金額

↓

損　失　の　繰　越　控　除

↓

総所得金額 / 上場株式等に係る配当所得等の金額 / 短期譲渡所得の金額 / 長期譲渡所得の金額 / 上場株式等に係る譲渡所得等の金額 / 一般株式等に係る譲渡所得等の金額 / 山林所得金額 / 退職所得金額

※　所得金額調整控除の適用がある場合には、この段階で控除する。

2 損益通算

各種所得の金額の計算上生じた損失の金額のうち**1**の４つの所得の損失については、一定の順序に従って他の黒字の所得から控除する。

1 損益通算の対象となる所得

① 不動産所得
② 事業所得
③ 山林所得
④ 譲渡所得
（注）利子所得、退職所得は損失が生じない。

2 損益通算の対象とならない所得

配当所得、一時所得、雑所得の損失の金額は、損益通算の対象とならない。また、不動産所得、事業所得、山林所得、譲渡所得の損失の金額であっても、次に掲げる損失の金額は、損益通算の対象とならない。

① 非課税所得の損失の金額（生活用動産の譲渡など）
② 個人に対する低額譲渡（時価の２分の１未満）により生じた損失の金額
③ 生活に通常必要でない資産(競走馬、別荘、貴金属、ゴルフ会員権など)に係る所得の損失の金額
④ 土地等または建物等の譲渡により生じた損失の金額
　ただし、居住用財産の譲渡損失は一定要件を満たした場合には損益通算できる。
⑤ 株式等の譲渡により生じた損失の金額
　ただし、上場株式等の譲渡損失は、申告分離課税を選択した上場株式等の配当金および特定公社債等の譲渡益と利子との損益通算ができる。
⑥ 不動産所得の損失の金額のうち、**土地取得のための借入金の利子**からなる部分の金額

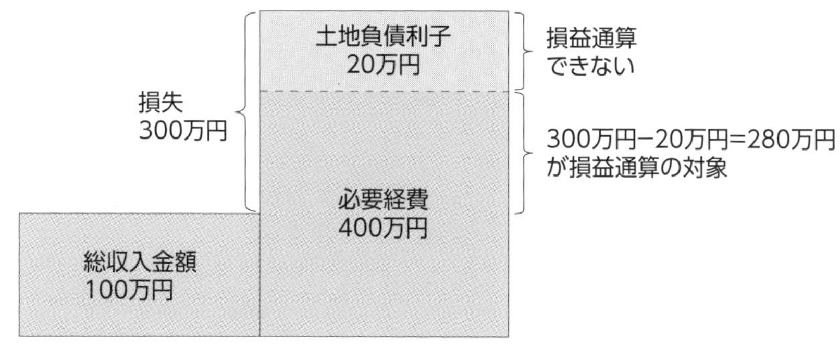

⑦　国外中古建物（簡便法により耐用年数を算定しているもの）の賃貸により生じた不動産所得の損失の金額のうち、その国外中古建物の償却費に相当する部分の金額。

この適用を受けた国外中古建物を譲渡した場合の取得費の計算については、損益通算の適用除外となった償却費に相当する金額は、取得費から控除しない。

3 損益通算の順序

所得を、経常所得グループと譲渡・一時グループの２つに分け、損失の金額をまず同じグループ間で通算し、次に別のグループ間で通算する。

（注）経常所得とは、総所得金額に属する所得のうち、経常的な所得をいい、利子所得、配当所得、不動産所得、事業所得、給与所得、雑所得をさす。

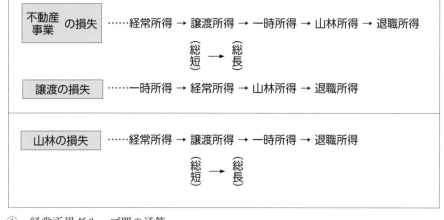

不動産・事業の損失……経常所得 → 譲渡所得 → 一時所得 → 山林所得 → 退職所得

（譲渡所得：総短 → 総長）

譲渡の損失……一時所得 → 経常所得 → 山林所得 → 退職所得

山林の損失……経常所得 → 譲渡所得 → 一時所得 → 退職所得

（譲渡所得：総短 → 総長）

①　経常所得グループ間の通算

不動産所得または事業所得の損失の金額は、同じグループである経常所得の金額のうち黒字の所得から控除する。

②　譲渡所得・一時所得間の通算

譲渡所得の損失の金額は、同じグループである一時所得の金額から控除する。

③　経常所得の損失が残る場合

①の通算をしても控除しきれない不動産所得または事業所得の損失の金額は、譲渡所得および一時所得の金額（②の通算がある場合にはその通算後の金額）から控除する。この場合、譲渡所得に短期譲渡所得と長期譲渡所得とがある場合には、短期譲渡所得→長期譲渡所得の順に控除する。

④　譲渡所得の損失が残る場合

②の通算をしても控除しきれない譲渡所得の損失の金額は、経常所得の金額（①の通算がある場合にはその通算後の金額）から控除する。

⑤　山林所得、退職所得から控除

③④の控除をしても控除しきれない損失の金額は、山林所得、退職所得の金額から控除する。

⑥　山林所得の損失の通算

山林所得の損失の金額は次の順序で控除する。

経常所得（①④の通算がある場合にはその通算後の金額）

譲渡所得・一時所得（②③の通算がある場合にはその通算後の金額）

退職所得（⑤の通算がある場合にはその通算後の金額）

■設例

本年分の各種所得の金額は、次のとおりである。本年分の課税標準を計算しなさい。

(1)	配当所得の金額	△　180,000円
(2)	不動産所得の金額	470,000円
(3)	事業所得の金額	△ 3,160,000円
(4)	給与所得の金額	850,000円
(5)	譲渡所得の金額	
	（総合短期）	500,000円
	（総合長期）	1,700,000円

【解　答】

(1)　事業所得の損失の金額は、まず経常所得から控除する。

△3,160,000円（事業）+｛470,000円（不動産）+850,000円（給与）｝

=△1,840,000円（事業）

配当所得の損失の金額は損益通算の対象とはならない。

(2)　経常所得グループから控除しきれない場合は、譲渡・一時グループから控除する。譲渡所得は短期 → 長期の順で控除する。

△1,840,00円（事業）+500,000円（総合短期）=△1,340,000円（事業）

△1,340,000円（事業）+1,700,000円（総合長期）=360,000円（総合長期）

(3)　最後に残ったのが総合長期譲渡所得の金額であり、課税標準の計算上２分の１にする。

課税標準$=360{,}000$円$\times\dfrac{1}{2}=180{,}000$円

POINT!

損益通算ができる所得は、富士山上（不、事、山、譲）の４つの所得である。

3 純損失の繰越控除

1 繰越控除の対象範囲

損益通算をしても控除しきれない損失の金額を「純損失の金額」といい、翌年以降３年間繰り越して総所得金額等から控除する。

① 損失発生年に青色申告書を提出した場合
　純損失の金額の全額を繰り越すことができる。

（注）特定被災事業用資産の損失のうち一定のものは、５年間の繰り越しが認められる。

② 損失発生年に青色申告書以外の申告書を提出した場合
　変動所得の金額の計算上生じた損失の金額、被災事業用資産の損失の金額だけを繰り越す。

（注）被災事業用資産の損失とは、棚卸資産、事業用固定資産、山林に生じた災害による損失をいう。

2 申告要件

この規定は、純損失が生じた年分に確定申告書（1①の場合は青色申告書に限る）を提出し、その後連続して確定申告書を提出している場合に適用される。

（注）損失が発生した年が青色申告であれば、繰越控除する年は白色申告でも純損失の金額を全額控除できる。

3 控除の順序

① 控除する純損失の金額が、前年以前３年内の２以上の年に生じたものである場合には、最も古いものから控除する。なお、租税特別措置法の課税標準（短期譲渡所得の金額、長期譲渡所得の金額、上場株式等に係る譲渡所得等の金額など）からは控除できない。

② 前年以前３年内の１の年に生じた純損失の金額は次の順序による。

(a) 総所得金額の計算上生じたもの

総所得金額 ⇒ 山林所得金額 ⇒ 退職所得金額

(b) 山林所得金額の計算上生じたもの

山林所得金額 ⇒ 総所得金額 ⇒ 退職所得金額

4 損失の繰越控除の特例

(1) 上場株式等の譲渡損失の特例

上場株式等を金融商品取引業者等を通じて売却したこと等により生じた損失の金額がある場合は、その年分の上場株式等に係る配当所得の金額（申告分離課税を選択したものに限る）および特定公社債等の利子所得の金額（申告分離課税を選択したもの）と損益通算ができる。また、損益通算してもなお控除しきれない損失の金額については、翌年以降３年間繰り越し、上場株式等に係る譲渡所得等の金額および上場株式等に係る配当所得等の金額から控除することができる。

(2) 居住用財産の買換えの譲渡損失の特例

その年の１月１日において所有期間が５年超の居住用財産の買換えを行った場合において、譲渡資産に譲渡損失が生じたときは一定の要件のもとに他の所得との損益通算をすることができる。さらに損益通算を行っても控除しきれなかった譲渡損失は、譲渡の年の翌年以後３年間繰り越して控除することができる。

（注）居住用財産とは、次のものをいう。なお、③～⑤は、居住用家屋が居住の用に供されなくなった日から、同日以後３年を経過する日の属する年の12月31日までの間に譲渡されたものに限る。

① 現に居住の用に供している家屋
② ①とともに譲渡されるその家屋の敷地
③ 居住の用に供されなくなった家屋
④ ③とともに譲渡されるその家屋の敷地
⑤ 災害により滅失した居住用家屋の敷地

(3) 特定居住用財産の譲渡損失の特例

その年の１月１日において所有期間が５年超で、かつ、住宅ローン残高がある居住用財産を、住宅ローンの債務残高を下回る金額で譲渡して譲渡損失が生じたときは、一定の要件のもとに他の所得との損益通算をすることができる。さらに損益通算を行っても控除しきれなかった譲渡損失の金額は、譲渡の年の翌年以後３年間繰り越して控除することができる。なお、この特例は、買換資産を取得しない場合であっても適用することができる。

（注）居住用財産とは、次のものをいう。なお、③～⑤は、居住用家屋が居住の用に供されなくなった日から、同日以後３年を経過する日の属する年の12月31日までの間に譲渡されたものに限る。

① 現に居住の用に供している家屋
② ①とともに譲渡されるその家屋の敷地
③ 居住の用に供されなくなった家屋
④ ③とともに譲渡されるその家屋の敷地
⑤ 災害により滅失した居住用家屋の敷地

POINT!

純損失の繰越控除は、損失発生年が青色申告であれば、その後の控除する年は白色申告でも損失額の全額が控除できる。

4 雑損失の繰越控除

1 制度の概要

雑損控除に規定する損失の額の合計額が、一定の金額を超える場合におけるその超える部分の金額を雑損失の金額といい、損失が生じた年分の総所得金額等から控除しきれない場合には、翌年以降3年間繰り越して控除することができる。

2 申告要件

この規定は、雑損失が生じた年分に確定申告書を提出し、その後、連続して確定申告書を提出している場合に適用される。

（注）青色申告者、白色申告者どちらも適用できる。

3 控除の順序

控除する雑損失の金額が、前年以前3年内の2以上の年に生じたものである場合には、最も古いものから控除する。

POINT!

雑損失の繰越控除は、青色申告者でも白色申告者でも適用できる。

チェックテスト

⑴　事業所得の損失の金額は、一時所得の金額との損益通算はできない。

⑵　山林所得の損失の金額が損益通算できる所得は、退職所得の金額だけである。

⑶　不動産所得の金額の計算上生じた損失の金額のうち、土地および建物を取得するための負債の利子からなる部分の金額は、損益通算の対象とならない。

⑷　損益通算の適用を受けられるのは、青色申告者である。

⑸　同じ年に発生した純損失の金額と雑損失の金額がある場合には、純損失の金額を優先して控除する。

⑹　純損失の繰越控除は、損失発生年が青色申告であれば、繰越控除を受ける年は白色申告でも控除を受けられる。

⑺　前年以前から繰り越された純損失の金額が２以上の年に生じたものである場合には、最も新しいものから順に控除する。

⑻　損失発生年が白色申告者でも、被災事業用資産の損失の金額は繰越控除ができる。

⑼　雑損失の繰越控除は白色申告者でも青色申告者でも適用できる。

⑽　雑損失の繰越控除は、損失発生年は確定申告書の提出が必要であるが、翌年以降、控除を受ける年は確定申告書の提出は不要である。

解答

⑴　×　⑵　×　⑶　×　⑷　×　⑸　○
⑹　○　⑺　×　⑻　○　⑼　○　⑽　×

第3章

所得控除

過去の出題状況	2022.5	2022.9	2023.1	2023.5	2023.9	2024.1
医療費控除			☆			
寄附金控除		☆				
扶養控除		☆			☆	
雑損控除			☆		☆	
社会保険料控除	☆					
地震保険料控除	☆					
寡婦控除・ひとり親控除	☆			☆		
配偶者控除・ 配偶者特別控除	☆	☆				☆
生命保険料控除						
基礎控除					☆	
障害者控除	☆					

- 所得控除は、全部で15種類あり、各種所得の金額の計算では考慮されない担税力や個人的な生活上の支出を考慮し、総所得金額等から控除する。
- 各種所得控除のうち、雑損控除をまず最初に行う。
- 控除する所得の順序は、①総所得金額、②短期譲渡所得の金額、③長期譲渡所得の金額、④上場株式等に係る配当所得等の金額、⑤一般株式等に係る譲渡所得等の金額、⑥上場株式等に係る譲渡所得等の金額、⑦山林所得金額、⑧退職所得金額である。

1 雑損控除

居住者または居住者と同一生計の配偶者その他の親族（課税標準の合計が48万円以下である者に限る）の有する資産について、災害または盗難もしくは横領により損害を受けた場合には、その損害額のうち一定額を総所得金額等から控除する。なお、詐欺、恐喝による損失は対象とならない。

1 対象となる資産の範囲

雑損控除が適用されるのは、生活に通常必要な住宅、家具、衣類などの資産および現金であり、以下の資産は対象とならない。

① 生活に通常必要でない資産（ゴルフ会員権など）
② 被災事業用資産
③ 生活に通常必要な資産のうち書画、骨とう、貴金属等で１個または１組の価額が30万円を超えるもの

2 控除額

(1) 控除額

次の①②のうちいずれか多い方の金額を控除することができる。

① 差引損失額 − 総所得金額等 × 10%
② 災害関連支出の金額 − ５万円

(2) 差引損失額の計算

差引損失額は次の算式により計算する。

損失金額 ＋ 災害関連支出 − 廃材等の処分価額 − 保険金等で補てんされる金額

（注１）損失金額は損失を受けた時の資産の時価を基礎として計算するが、減価する資産は、次のいずれかにより計算する。
① 損失を受けた時の資産の時価
② 取得価額－減価償却累計額相当額

（注２）災害関連支出とは、災害に関連するやむを得ない支出で、住宅家財等の取壊しや除去のための費用、土砂などの障害物を取り除く費用などをいう。

3 雑損失の繰越控除

雑損控除額をその年分の課税標準から控除しきれない場合には、その控除不足額は翌年以降３年間繰り越して、翌年以降の所得から控除することができる。これを雑損失の繰越控除という。

■設例

次の資料に基づき、居住者であるＡさんの本年分の雑損控除の金額を求めなさい。

〔資　料〕

1．Ａさんは災害によって自己の所有する住宅について生じた損失の金額が800万円あり、このほかに、被災した住宅の撤去費用（災害関連支出の金額）100万円を本年中に支出している。
2．Ａさんはこの災害により、本年中に損害保険金500万円を受け取っている。
3．Ａさんの本年分の総所得金額等は700万円である。

【解　答】

1．差引損失額－総所得金額等×10％
400万円※－700万円×10％＝330万円
※　800万円＋100万円－500万円＝400万円
2．災害関連支出の金額－５万円
100万円－５万円＝95万円
3．雑損控除の金額
１＞２　∴　330万円

第3章 所得控除

4 災害減免法（P98参照）

居住者につき、災害によって受けた住宅や家財の損害金額（保険金などにより補てんされる金額を除く）がその時価の２分の１以上で、かつ、災害にあった年の所得金額の合計額が1,000万円以下のときにおいて、その災害による損失額について雑損控除の適用を受けない場合は、災害減免法によりその年の所得税が次のように軽減または免除される。なお、**雑損控除との有利選択が可能**である。

所得金額の合計額	軽減または免除される所得税の額
500万円以下	所得税の額の全額
500万円超　750万円以下	所得税の額の２分の１
750万円超　1,000万円以下	所得税の額の４分の１

2 医療費控除

居住者が自己または同一生計の配偶者その他の親族（所得要件はない）の医療費を支払った場合には、支払った医療費のうち一定金額を超える部分の金額を総所得金額等から控除する。

1 医療費の範囲

その年中に実際に支払った医療費で、一般的な支出水準を著しく超えない部分の金額が控除の対象となる。

① 医師、歯科医師による診療、治療のための費用（出産費用を含む）

② 治療、療養のための医薬品の購入費用

薬局で購入した市販の風邪薬など（処方せんのないもの）でも治療のためであれば控除の対象となるが、漢方薬、ビタミン剤など病気予防や健康増進のための医薬品の購入費用は対象とならない。

③ 病院、診療所へ支払った入院のための部屋代、食費代

差額ベッド代は、本人や家族の意思で個室に入った場合は控除の対象とならないが、個室しか空いていないなどの病院の都合や医師の治療の都合であれば控除の対象となる。

④ 治療のためのあん摩マッサージ指圧師、はり師、きゅう師、柔道整復師等に支払った施術の費用（健康維持目的の場合は控除の対象外）

⑤ 保健師、看護師または准看護師による療養上の世話の費用

保健師、看護師または准看護師の資格を持たない者でも、特に依頼した者（家政婦等）に支払った療養上の世話の費用も控除の対象になる（親族に支払ったものは対象外）。また、療養の場所については、自宅、病院を問わない。

⑥ 介護保険制度の下で提供された一定の施設・居宅サービスの自己負担額

⑦ 通院のための電車代、バス代、急を要する場合のタクシー代

ただし、自家用車で通院する場合のガソリン代や駐車場の料金等は控除の対象とならない。

⑧ 医師等による診療、治療を受けるために直接必要な、義手、義足、松葉杖、義歯などの購入費用

⑨ 6カ月以上寝たきりの者のおむつ代（医師の「おむつ使用証明書」が必要）

2 医療費控除の対象とならないもの

① 人間ドックその他の健康診断のための費用

健康診断は単なる診断だけで治療が伴わないため、医療費控除の対象とならない。ただし、重大な疾病が発見され、治療を行った場合には健康診断料も控除の対象となる。

② 美容整形手術のための費用
③ 医師、看護師に対する贈物の購入費用
④ 通常のメガネ、コンタクトレンズの購入費用
⑤ 海外旅行をする際に行われる予防接種の費用

3 医療費を補てんする保険金等

以下のような医療費を補てんするため支払われる保険金、損害賠償金等は医療費から除外される。

① 健康保険法の規定により支給を受ける療養費、移送費、出産育児一時金、高額療養費等
② 損害保険契約または生命保険契約に基づき医療費の補てんを目的として支払いを受ける医療保険金または入院給付金等
③ 医療費の補てんを目的として受ける損害賠償金

(注1) 保険金等で補てんされる金額は、その給付の目的となった医療費の金額を限度として差し引くため、引ききれない場合でも他の医療費から控除しない。
(注2) 保険金等の額が確定申告書を提出するまでに未確定の場合には、保険金等の見込額により計算し、後日金額が異なることとなったら、その時に訂正する。

4 控除額(200万円を限度とする)

控除額 = 支払った医療費 − (保険金等により補てんされる金額) − (①総所得金額等 × 5%　②10万円　①②のいずれか低い金額)

5 確定申告

医療費控除は年末調整では控除できないため、給与所得者であっても確定申告書の提出が必要である。

なお、適用にあたっては、原則として医療費控除の明細書を確定申告書に添付しなければならない。また、確定申告期限から5年間、医療費の領収書を保存しなければならない。

6 セルフメディケーション税制

セルフメディケーション税制とは、2017年1月1日から2026年12月31日までの間に適用される医療費控除の特例で、従来の医療費控除とは選択適用となる。

自己または同一生計の配偶者その他の親族に係る一定のスイッチOTC医薬品(市販の薬)を購入した場合に、その年中に支払った購入額の合計額が**1万2千円**を超えるときは、その超える部分の金額(**8万8千円**を限度とする)を、その年分の総所得

金額等から控除する。

（注１）スイッチOTC医薬品とは、医師が処方する医療用医薬品であったもののうち安全性が確認されたこと等により市販薬として薬局で販売されるようになったものをいう。

（注２）定期健康診断や予防接種を受けるなど、健康の維持増進および疾病予防を行っていることが条件となる。

POINT!

医療費控除の対象となる医療費は、その年１月１日から12月31日までの間に実際に支払った金額である。

3 社会保険料控除

居住者が自己または同一生計の配偶者その他の親族の負担すべき社会保険料を支払った場合または給与から控除される場合には、その社会保険料の全額を総所得金額等から控除する。

1 社会保険料の範囲

① 健康保険料
② 国民健康保険料
③ 後期高齢者医療保険料
④ 介護保険料
⑤ 雇用保険料
⑥ 国民年金保険料、国民年金基金の掛金
⑦ 厚生年金保険料、厚生年金基金の掛金

2 控除額

その年中に支払った社会保険料の全額が控除されるが、国民年金保険料を２年分前納した場合は、次のいずれかを選択する。
① 保険料の全額を支払った年に控除
② 各年分の保険料に相当する額を各年に控除

3 年金から特別徴収される保険料

介護保険料、後期高齢者医療制度の保険料が年金から特別徴収されている場合には、その年金受給者**本人**に社会保険料控除が適用される。ただし、後期高齢者医療制度の保険料を世帯主または配偶者の口座振替により支払っている場合には、保険料を支払った者に社会保険料控除が適用される。

POINT!

- **社会保険料は支払った保険料の全額が控除の対象となる。**
- **国民年金保険料を２年分前納した場合は、全額を支払った年に控除するか、各年分の保険料をそれぞれの年に控除するかいずれかを選択できる。**

4 小規模企業共済等掛金控除

居住者が、小規模企業共済等掛金を支払った場合には、その支払った金額の全額を総所得金額等から控除する。

1 小規模企業共済等掛金の範囲

① 小規模企業共済契約の掛金

小規模企業共済契約とは、個人事業者や小規模な法人の役員等が、事業の廃業や退職に備えて掛金を納付し、廃業や退職をしたときに共済金を受け取る制度である。掛金は月額千円から７万円までの範囲（500円きざみ）で自由に選択できる。

② 確定拠出年金の掛金

・企業型確定拠出年金の個人拠出部分

・個人型確定拠出年金（iDeCo）の掛金

③ 心身障害者扶養共済制度に基づく掛金

心身障害者扶養共済制度とは、地方公共団体が条例によって実施する制度で、心身に障害のある者を扶養する者が加入者となって掛金を納付し、その加入者に万一のことがあった場合に、障害のある者に対し終身にわたり一定額の年金を支給する制度である。

2 控除額

支払った掛金の全額が控除される。

POINT!

・個人型確定拠出年金（iDeCo）の掛金は、社会保険料控除ではなく、小規模企業共済等掛金控除の対象となる。

5 生命保険料控除

生命保険料控除は、一般の生命保険、介護医療保険、個人年金保険の保険料を支払った場合に適用される。

1 控除の対象となる生命保険契約

(1) 一般の生命保険

保険金等の受取人が自己またはその配偶者その他の親族である生命保険契約

(2) 介護医療保険

2012年（平成24年）1月1日以後に締結した医療費用保険、医療保障保険、介護費用保険、介護保障保険、所得補償保険契約等

(3) 個人年金保険

年金の受取人が本人またはその配偶者である個人年金保険契約

第3章 所得控除

2 控除額

(1) 2012年（平成24年）1月1日以後に締結した保険契約等

生命保険契約を一般の生命保険、介護医療保険、個人年金保険の3つに区分し、それぞれ支払った保険料の額に応じて次の表の計算式に当てはめて計算した金額（最高4万円）の合計額（最高12万円）を控除する。

■2012年（平成24年）1月1日以後に締結した保険契約（新契約）

年間の支払保険料等		控除額
	20,000円以下	支払保険料等の全額
20,000円超	40,000円以下	支払保険料等×1/2+10,000円
40,000円超	80,000円以下	支払保険料等×1/4+20,000円
80,000円超		一律40,000円

（注）支払保険料等とは、その年に支払った金額から、その年に受けた剰余金や割戻金を差し引いた金額をいう。

(2) 2011年（平成23年）12月31日以前に締結した保険契約等（参考）

生命保険契約を旧一般生命保険と旧個人年金保険に区分し、それぞれ支払った保険料の額に応じて次の表の計算式に当てはめて計算した金額（最高5万円）の合計額（最高10万円）を控除する。

■2011年（平成23年）12月31日以前に締結した契約（旧契約）

年間の支払保険料等		控除額
	25,000円以下	支払保険料等の全額
25,000円超	50,000円以下	支払保険料等×1/2+12,500円
50,000円超	100,000円以下	支払保険料等×1/4+25,000円
100,000円超		一律50,000円

（注１）いわゆる第三分野とされる保険（医療保険や介護保険）の保険料も、旧生命保険料となる。

（注２）支払保険料等とは、その年に支払った金額から、その年に受けた剰余金や割戻金を差し引いた金額をいう。

（3）新契約と旧契約の双方に加入している場合の控除額

新契約と旧契約の双方に加入している場合には、次のいずれかを選択して控除額を計算することができる。

適用する生命保険料控除	控除額
新契約のみ生命保険料控除を適用	（1）に基づき算定した控除額
旧契約のみ生命保険料控除を適用	（2）に基づき算定した控除額
新契約と旧契約の双方について生命保険料控除を適用	（1）に基づき算定した新契約の控除額と（2）に基づき算定した旧契約の控除額の合計額（４万円を限度とする）

（注）旧契約単独で控除額が４万円を超えている場合には、旧契約のみで生命保険料控除を適用した方が有利である。

POINT!

一般の生命保険料、介護医療保険料、個人年金保険料を支払った場合に、それぞれ最高４万円（合計12万円）の控除が受けられる。

6 地震保険料控除

居住者が自己または同一生計の配偶者その他の親族の有する居住用家屋または生活用動産を保険の目的とする地震保険契約で、かつ、地震、噴火または津波を原因とする火災、損壊等による損害をてん補する保険金が支払われる契約の保険料を支払った場合に適用される。

1 居住用家屋

保険の目的とされた家屋が店舗併用住宅など居住の用と事業等の用とに併用されている家屋の場合には、支払った保険料のうち、居住の用に供している部分に係るものだけが控除の対象となる。

2 控除額

支払った保険料の全額が控除の対象となる。ただし、5万円を限度とする。

7 寄附金控除

居住者が特定寄附金を支払った場合で、その特定寄附金の支出額が２千円を超えるときは、その超える部分の金額を、一定額を限度として総所得金額等から控除する。

1 特定寄附金の範囲

① 国、地方公共団体に対する寄附金
② 指定寄附金（公益法人等に対する寄附金で、広く一般に募集され、公益の増進に寄与するための支出で緊急を要するものであるものとして財務大臣が指定したもの）
③ 特定公益増進法人（独立行政法人、日本赤十字社、日本オリンピック委員会、学校法人、社会福祉法人等）に対する寄附金
・学校法人に対する寄附金については、入学に関するものを除く
④ 特定公益信託の信託財産とするための金銭の支出
⑤ 政党または政治資金団体に対する政治活動に関する寄附金
⑥ 認定特定非営利法人（認定NPO法人）に対する寄附金

（注）上記の③⑤⑥に対する寄附金のうち一定のものは、所得控除に代えて税額控除を選択することもできる。

2 控除額

次の算式で計算した金額を、総所得金額等から控除する。

控除額 ＝ 特定寄附金の額の合計額 － ２千円

（注）特定寄附金の額の合計額は、総所得金額等×40％を限度とする。

3 ふるさと納税

① 対象となる都道府県等

ふるさと納税（都道府県・市区町村に対する寄附）をした場合には、所得税の寄附金控除および個人住民税の寄附金税額控除を受けることができる。ふるさと納税の対象となるのは、次の基準に適合することにつき総務大臣の指定を受けた都道府県または市区町村に限られる。

・寄附金の募集を適正に実施する都道府県等
・返礼品を地場産品とし、返礼割合が３割以下であること

② ふるさと納税ワンストップ特例制度

控除を受けるためには、原則として所得税の確定申告が必要であるが、「ふるさ

と納税ワンストップ特例」制度を利用することにより、確定申告をしなくても控除を受けることができる。

■ふるさと納税ワンストップ特例制度

適用対象者	・確定申告を行う必要のない給与所得者や年金所得者 →給与所得者等が医療費控除等を受けるため確定申告を行う場合は対象とならない
適用手続き	・寄附の都度、寄附先に「寄附金税額控除に係る申告特例申請書」を提出する →同一自治体へ複数回寄附した場合でも、その都度申請書の提出が必要となる
寄附先の制限	・1年間の寄附先が5自治体以下であること →1つの自治体に複数回寄附しても1団体として数える

① ふるさと納税ワンストップ特例制度を利用すると、所得税における所得控除は適用されず、すべて住民税からの控除となり、所得税の控除分相当額が翌年の住民税から控除される。
② 寄附者が謝礼として特産品を受けた場合の経済的利益は、一時所得に該当する。

POINT!

ふるさと納税ワンストップ特例制度を利用すると確定申告が不要となり、控除額は全額住民税から控除される。

8 障害者控除

居住者が障害者である場合だけでなく、その居住者の同一生計配偶者または扶養親族が障害者である場合に控除を受けることができる。

1 控除額

① 障害者１人につき27万円
② 特別障害者の場合は40万円
③ 同一生計配偶者または扶養親族が同居特別障害者の場合は75万円
（注１）障害等級が１級および２級の者は特別障害者となる。
（注２）同居特別障害者とは同一生計配偶者または扶養親族が特別障害者に該当し、かつ、納税者本人または本人の配偶者もしくは本人と生計を一にするその他の親族のいずれかとの同居を常況としている者をいう。

なお、障害者控除は、扶養控除の適用がない16歳未満の扶養親族を有する場合においても適用される。

POINT!

16歳未満の扶養親族が障害者である場合には、扶養控除は受けられないが、障害者控除は受けることができる。

9 寡婦・ひとり親控除

居住者が寡婦またはひとり親である場合には、27万円または35万円を控除する。

1 寡婦控除

合計所得金額が500万円以下の者で、次の①または②の要件を満たす場合には27万円を控除する。

① 夫と離婚した後婚姻をしていない者で扶養親族（総所得金額等の合計額が48万円以下であるものに限る）を有する者

② 夫と死別した後婚姻をしていない者または夫の生死が不明の者

（注）扶養親族の有無は問わない

死別、離婚であるかどうかにかかわらず、住民票に「夫（未届）」または「妻（未届）」の記載がある場合は寡婦控除の適用は受けられない。

2 ひとり親控除

合計所得金額が500万円以下の者で、次の①および②の要件を満たす場合には35万円を控除する。ひとり親控除は、婚姻歴や性別を問わず、適用を受けることができる。

① 現に婚姻をしていない者または配偶者の生死が不明の者

② 生計を一にする子（総所得金額等の合計額が48万円以下であるものに限る）を有する者

死別、離婚または未婚であるかどうかにかかわらず、住民票に「夫（未届）」または「妻（未届）」の記載がある場合はひとり親控除の適用は受けられない。

POINT!

<table>
<tr><th></th><th>所得制限</th><th>離婚・死別</th><th>扶養親族</th><th>控除金額</th></tr>
<tr><td rowspan="2">寡婦控除</td><td rowspan="3">合計所得金額
500万円以下</td><td>離婚</td><td>子以外</td><td rowspan="2">27万円</td></tr>
<tr><td>死別</td><td>要件なし</td></tr>
<tr><td>ひとり親控除</td><td>要件なし
(性別や婚姻歴を問わない)</td><td>子のみ</td><td>35万円</td></tr>
</table>

10 勤労学生控除

居住者が勤労学生である場合に27万円が控除される。

1 勤労学生の意義

勤労学生とは、大学、高等専門学校、専修学校または各種学校などの学生で、次のすべての要件を満たす者をいう。

① 給与所得、事業所得、退職所得または雑所得等の自己の勤労に基づく所得を有していること
② 給与所得等自己の勤労に基づく所得以外の所得が10万円以下であること
③ 合計所得金額が75万円以下であること

2 控除額

27万円を控除する。

11 配偶者控除

合計所得金額が1,000万円以下である居住者が、控除対象配偶者を有する場合には、その居住者の合計所得金額に応じて一定額を総所得金額等から控除する。

1 控除対象配偶者の要件

控除対象配偶者とは、同一生計配偶者で、**居住者の合計所得金額が1,000万円以下**である場合の配偶者をいう。

同一生計配偶者とは、次のすべての要件を満たす者をいう。

① 民法の規定による配偶者（内縁関係者は該当しない）で、居住者と生計を一にする者

② 合計所得金額が48万円以下である者

③ 青色事業専従者または白色事業専従者でない者

第3章 所得控除

2 控除額

居住者の合計所得金額の区分に応じ、次の金額を控除する。合計所得金額が1,000万円を超える居住者は、配偶者控除の適用を受けることができない。控除額は居住者の合計所得金額が多くなるほど段階的に減少し、最高38万円（老人控除対象配偶者は48万円）から最低13万円（老人控除対象配偶者は16万円）となる。

居住者の合計所得金額	控除額	
	控除対象配偶者	老人控除対象配偶者
900万円以下	38万円	48万円
900万円超　950万円以下	26万円	32万円
950万円超　1,000万円以下	13万円	16万円

（注）老人控除対象配偶者とは、控除対象配偶者のうち年齢70歳以上の者をいう。

なお、同一生計配偶者が障害者に該当する場合には配偶者控除のほかに障害者控除も受けられる。

12 配偶者特別控除

合計所得金額が1,000万円以下である居住者が、合計所得金額が48万円超133万円以下である配偶者を有する場合に、その配偶者の所得金額に応じて一定の金額を総所得金額等から控除する。

1 要　件

① 控除を受ける者のその年における**合計所得金額が1,000万円以下**であること
② 配偶者は以下の要件を満たすこと
　(a) 民法の規定による配偶者であり（内縁関係者は該当しない）、居住者と生計を一にする者
　(b) 合計所得金額が48万円超133万円以下である者
　(c) 青色事業専従者または白色事業専従者でない者

2 控除額

控除額は、居住者本人の合計所得金額と配偶者の合計所得金額によって異なり、両者の所得が大きくなるほど控除額は段階的に減少し、最高38万円、最低1万円の控除額となる。

納税者本人の合計所得金額が900万円以下で、配偶者の合計所得金額が95万円（給与収入でいうと150万円）以下の場合に、控除額は最高の38万円となる。

		居住者の合計所得金額		
		900万円以下	900万円超 950万円以下	950万円超 1,000万円以下
配偶者の合計所得金額	48万円超　95万円以下	38万円	26万円	13万円
	95万円超　100万円以下	36万円	24万円	12万円
	100万円超　105万円以下	31万円	21万円	11万円
	105万円超　110万円以下	26万円	18万円	9万円
	110万円超　115万円以下	21万円	14万円	7万円
	115万円超　120万円以下	16万円	11万円	6万円
	120万円超　125万円以下	11万円	8万円	4万円
	125万円超　130万円以下	6万円	4万円	2万円
	130万円超　133万円以下	3万円	2万円	1万円

POINT!

配偶者控除および配偶者特別控除は、納税者の合計所得金額が1,000万円以下の場合に適用がある。

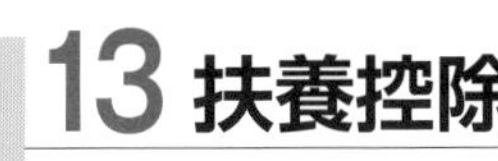

13 扶養控除

居住者が控除対象扶養親族（扶養親族のうち年齢16歳以上である者をいう）を有する場合に、控除対象扶養親族の年齢に応じた控除額を控除する。

1 扶養親族の意義

扶養親族とは、以下のすべての要件に当てはまる者をいう。

① 配偶者以外の親族または都道府県知事から養育を委託された児童（いわゆる里子）や市町村長から養護を委託された老人で、居住者と生計を一にしている者
② 合計所得金額が48万円以下である者
③ 青色事業専従者または白色事業専従者でない者

2 控除対象扶養親族の意義

扶養控除の対象となる控除対象扶養親族とは、次の区分に応じ、それぞれに定める者をいう。

① 居住者
年齢16歳以上の者
② 非居住者
年齢16歳以上30歳未満の者および年齢30歳以上70歳未満の者で、次のいずれかに該当する者
・留学により非居住者となった者
・障害者
・その居住者から生活費または教育費として年間38万円以上の送金を受けている者

3 控除額

控除額は、控除対象扶養親族の年齢、同居の有無等により次のように定められている。

区　分		控除額
原則（16歳以上）		38万円
特定扶養親族（19歳以上23歳未満）		63万円
老人扶養親族（70歳以上）	同居老親等以外	48万円
	同居老親等	58万円

（注）同居老親等とは、老人扶養親族のうち、居住者またはその配偶者の直系尊属（父母・祖父母など）で、居住者またはその配偶者と常に同居している者をいう。

第3章 所得控除

POINT!

年齢が16歳未満の扶養親族は、扶養控除の対象とならない。

14 基礎控除

合計所得金額に応じて控除額が段階的に減少し、合計所得金額が2,500万円を超える場合には基礎控除の適用ができなくなる。

合計所得金額		基礎控除額
	2,400万円以下	48万円
2,400万円超	2,450万円以下	32万円
2,450万円超	2,500万円以下	16万円
2,500万円超		0

POINT!

人的控除において、障害者、寡婦、寡夫、勤労学生、控除対象配偶者、扶養親族、控除対象扶養親族に該当するかどうかの判定は、その年12月31日の現況による。ただし、年の中途で死亡した場合には、死亡当時の現況により判定する。

所得控除の種類		控　除　額
物的控除	雑損控除	損失額(時価)－総所得金額等×10%
	医療費控除	医療費の額－保険金等－10万円
	社会保険料控除	全額
	小規模企業共済等掛金控除	全額
	生命保険料控除	最高12万円（一般、介護医療、個人年金各４万円）
	地震保険料控除	全額（最高５万円）
	寄附金控除	支出寄附金の額－２千円
人的控除	障害者控除	27万円（特別障害者は40万円または75万円）
	寡婦・ひとり親控除	27万円または35万円
	勤労学生控除	27万円
	配偶者控除	最高38万円（老人控除対象配偶者は48万円）
	配偶者特別控除	最高38万円、最低１万円
	扶養控除	原則38万円（特定63万円、老人48万円または58万円）
	基礎控除	最高48万円

チェックテスト

(1) 治療のためであれば、ハリ治療やマッサージにかかった費用も医療費控除が受けられる。

(2) 医療費控除の限度額は200万円である。

(3) 医療費を支払ったのが翌年であっても、本年中に治療は終了している場合には、本年分の医療費控除の対象となる。

(4) 確定拠出年金の掛金のうち、個人が支出した金額は、小規模企業共済等掛金控除の対象となる。

(5) 2012年（平成24年）1月1日以後に契約を締結した介護医療保険の生命保険料控除額は最高5万円である。

(6) 特定寄附金の額が3千円を超えるときは、その超える部分の金額は寄附金控除の対象となる。

(7) 同一生計配偶者が障害者に該当するときは、配偶者控除と障害者控除が受けられる。

(8) 配偶者の合計所得金額が48万円以下であっても、その配偶者が青色事業専従者の場合には、配偶者控除は受けられない。

(9) 配偶者特別控除は、納税者の合計所得金額が1,000万円を超える場合には適用がない。

(10) 年齢が15歳で、合計所得金額が48万円以下の居住者である扶養親族がいる場合の扶養控除額は38万円である。

解答

(1) ○　(2) ○　(3) ×　(4) ○　(5) ×
(6) ×　(7) ○　(8) ○　(9) ○　(10) ×

第4章

所得税額の計算および税額控除

過去の出題状況	2022.5	2022.9	2023.1	2023.5	2023.9	2024.1
配当控除					☆	
住宅借入金等特別控除		☆	☆			☆
住宅耐震改修特別控除				☆		
災害減免法			☆			
算出所得税額の計算					☆	

1．税額計算の概要

総所得金額等から所得控除額を控除した後の金額を課税所得金額といい、各課税所得金額にそれぞれ税率を乗じて算出税額を求める。所得税の税率は原則として超過累進税率であり、所得金額が大きくなるほど高い税率が適用される。

2．復興特別所得税

東日本大震災の復興財源確保のため、2013年から2037年までの各年分の所得税額に、2.1％上乗せされた復興特別所得税が課される。

3．税額控除

税額控除とは、所得税額から一定の金額を差し引くもので、次のようなものがある。なお、2024年度のみの適用である定額減税が導入されている。

(1)　配当控除

(2)　住宅借入金等特別控除

(3)　特定の増改築等に係る住宅借入金等特別控除

(4)　認定住宅の新築等をした場合の所得税額の特別控除

(5)　その他

子育て対応改修特別控除、住宅耐震改修特別控除、政党等寄附金特別控除等

1 税額計算の概要

所得控除額を控除した後の課税所得金額に税率を乗じて算出税額を求める。税率を乗じる際、課税所得金額に1,000円未満の端数があるときは切り捨てる。次に税額控除額を控除し、源泉徴収税額があればこれも差し引いて、申告納税額を求める。最後に予定納税額を控除して納付税額を求める。

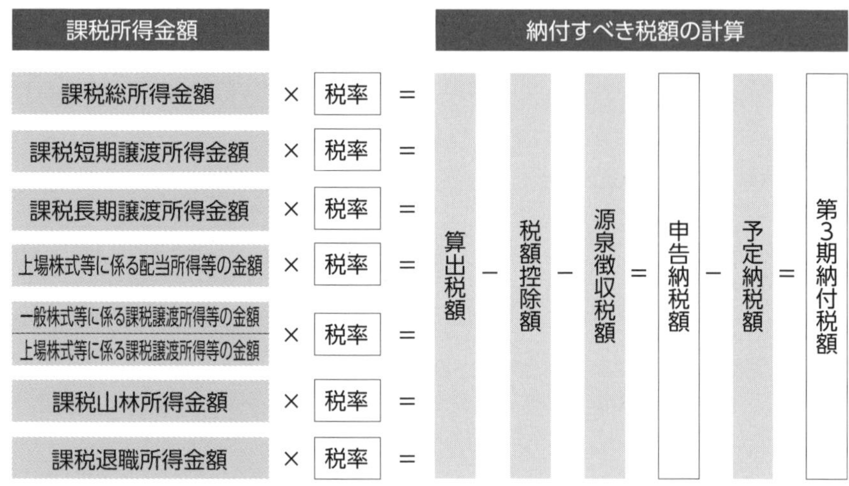

(1) 課税総所得金額、課税退職所得金額、課税山林所得金額の税率

課税総所得金額、課税退職所得金額、課税山林所得金額については下記の超過累進税率が適用される。

■超過累進税率

課税総所得金額等		税　率	控　除　額
	195万円以下	5％	0円
195万円超	330万円以下	10%	97,500円
330万円超	695万円以下	20%	427,500円
695万円超	900万円以下	23%	636,000円
900万円超	1,800万円以下	33%	1,536,000円
1,800万円超	4,000万円以下	40%	2,796,000円
4,000万円超		45%	4,796,000円

（注）課税山林所得金額は５分５乗方式による。
課税山林所得金額 × $\frac{1}{5}$ × 税率 × ５

(2) 他の分離課税の所得の税率

分離課税の所得については、それぞれ次の税率が適用される。

課税所得	税　率
課税短期譲渡所得金額	30%
課税長期譲渡所得金額	15%
上場株式等に係る課税配当所得等の金額	
上場株式等に係る課税譲渡所得等の金額	
一般株式等に係る課税譲渡所得等の金額	

2 復興特別所得税

東日本大震災からの復興のために必要な財源を確保するために2037年まで復興特別所得税が課税されている。

1 納税義務者

所得税を納める義務のある者は、復興特別所得税も併せて納める義務がある。

2013年から2037年までの各年分の基準所得税額に2.1％を乗じた金額が復興特別所得税となる。

（注）基準所得税額とは、外国税額控除の適用がある者については、外国税額控除額を控除する前の所得税額をいう。

2 確定申告

2013年から2037年までの各年分の確定申告については、所得税と復興特別所得税を併せて申告しなければならない。また、所得税および復興特別所得税の申告書には、基準所得税額、復興特別所得税額等一定の事項を併せて記載する。

3 源泉徴収

源泉徴収義務者は、利子、配当、給与その他源泉徴収をすべき所得を支払う際、その所得について所得税および復興特別所得税を徴収し、その法定納期限までに納付しなければならない。

3 税額控除の概要

税額控除とは、算出税額から一定の金額を控除するものである。配偶者控除や医療費控除などは所得から控除する「所得控除」であり、税額控除とは異なる。主な税額控除として次のようなものがある。

(1) 配当控除

(2) 住宅借入金等特別控除

(3) 特定の増改築等に係る住宅借入金等特別控除

(4) 認定住宅の新築等をした場合の所得税額の特別控除

(5) 特定改修工事をした場合の所得税額の特別控除

(6) 子育て対応改修工事をした場合の所得税額の特別控除

(7) 住宅耐震改修特別控除

(8) 政党等寄附金特別控除

上記(2)(3)は住宅ローンがあることが要件となっているが、(4)(5)(6)(7)は住宅ローンがなくても受けられる税額控除である。

4 配当控除

内国法人から支払いを受ける剰余金の配当、利益の配当、剰余金の分配などで、確定申告において総合課税を選択した配当所得に限り適用を受けることができる。

1 配当控除の対象とならないもの

① 外国法人から受ける配当等
② 基金利息
③ 確定申告不要を選択したもの
④ 上場株式等の配当等で申告分離課税を選択したもの
⑤ 投資法人から受ける配当（J-REIT）

2 控除額

① 課税総所得金額等が1,000万円以下の場合：配当所得の金額×10%
② 課税総所得金額等が1,000万円超の場合：次の金額の合計額
(a) 配当所得の金額のうち、課税総所得金額等※から1,000万円を控除した金額に達するまでの金額×５%
(b) 配当所得の金額のうち、上記以外の金額×10%
※ 課税総所得金額等とは、総所得金額、分離短期譲渡所得金額、分離長期譲渡所得金額、上場株式等に係る配当所得等の金額、上場株式等に係る譲渡所得等の金額、一般株式等に係る譲渡所得等の金額の合計額をいう。
（注）投資信託の収益の分配金の控除率は10%は５%に、５%は2.5%になる。

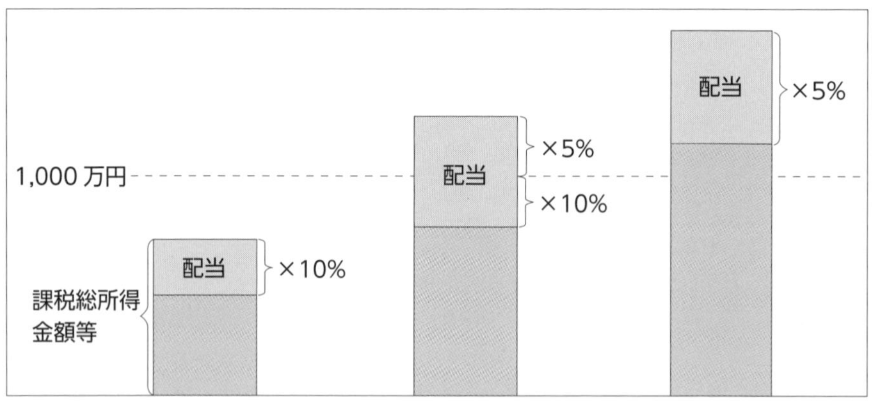

POINT!

配当控除は配当所得について、総合課税を選択した場合にのみ受けられる。

5 住宅借入金等特別控除

個人が住宅ローン等を利用して居住用家屋の新築、取得または増改築等をした場合で一定の要件を満たすときは、その取得等に係る住宅ローン等の年末残高をもとにして計算した金額を、居住の用に供した年以後10年間または13年間にわたり、各年分の所得税額から控除する。

1 適用要件

① 新築または取得の日から**6カ月以内**に居住の用に供し、適用を受ける各年の12月31日まで引き続き居住の用に供していること。

（注1）個人が死亡した場合または災害により居住の用に供することができなくなった場合は、これらの日まで引き続き居住の用に供していること。

（注2）居住の用に供する住宅を2つ以上所有する場合には、主として居住の用に供する1つの住宅に限られる。

（注3）同一生計親族から取得したもの、贈与による取得は、この規定の適用はない。

（注4）非居住者である期間中に住宅の取得等をした場合でも対象となる。

② この控除を受ける年分の合計所得金額が、**2,000万円以下**であること。

③ 償還期間または賦払い期間が**10年以上**で次のようなローンがあること。

銀行等の金融機関、独立行政法人住宅金融支援機構、勤務先からの借入金など。

（注1）勤務先からの借入金は、無利子または金利の動向を勘案して定めた利率（現在0.2%）に満たない場合は対象外となる。

（注2）親族や知人からの借入金は対象とならない。

2 対象となる家屋

① 床面積が**50㎡以上**、床面積の**2分の1以上**が居住用であること。ただし、2023年12月31日以前に建築確認を受けた新築住宅については、床面積が40㎡以上50㎡未満であっても、その年分の合計所得金額が1,000万円以下である年は適用を受けることができる。

（注）床面積の判定は次の基準による。

(a) 登記上の床面積により判定する

(b) 店舗併用住宅の場合は、住宅部分だけでなく、店舗や事務所などの部分も含めた建物全体の床面積により判定する

(c) 夫婦や親子などで共有する住宅の場合は、他の者の共有持分を含めた建物全体の床面積によって判断する

② 既存住宅の場合は次のいずれかに該当するものであること。

(a) 新耐震基準に適合する（登記簿上の建築日付が1982年1月1日以降の住宅は、新耐震基準に適合しているものとみなす）

(b) 一定の耐震基準に適合しない既存住宅を取得した場合には、居住の用に供する日までに耐震改修工事を完了していること等の一定の要件を満たせば、住宅借入金等特別控除の適用を受けることができる

③ 増改築の場合は次の要件を満たすものであること。

(a) 自己の居住の用に供する家屋に対する増改築で、**工事費用が100万円超**

(b) 工事後の床面積が50㎡以上、工事前後の床面積の２分の１以上が居住用

3 他の特例との関係

居住の用に供した年およびその前年または前々年、翌年または翌々年に、居住用財産を譲渡した場合の3,000万円の特別控除、軽減税率、買換えおよび交換の特例の適用を受けている場合には、住宅借入金等特別控除の適用は受けられない。

4 控除額

居住の用に供した年から**10年間または13年間**、次の算式により計算した金額が控除される。

年末の住宅ローン残高 × 控除率（0.7%）

借入金の年末残高の限度額および控除期間については、住宅の区分に応じ、それぞれ次のように定められている。

■年末借入金残高の限度額と控除率

① 一般住宅

区分	居住年	借入金限度額	控除率	控除期間
新築住宅	2022年・2023年	3,000万円	0.7%	13年
	2024年・2025年	2,000万円		10年
中古住宅	2022年～2025年	2,000万円		

(注) 一般住宅については、2023年12月31日以前に建築確認を受けたもの等に限り適用される。

② 認定住宅等

区分	居住年	借入金限度額	控除率	控除期間
認定住宅	2022年・2023年	5,000万円	0.7%	13年
	2024年・2025年	4,500万円		
ZEH水準省エネ住宅	2022年・2023年	4,500万円		
	2024年・2025年	3,500万円		
省エネ基準適合住宅	2022年・2023年	4,000万円		
	2024年・2025年	3,000万円		
中古住宅	2022年～2025年	3,000万円		10年

※　認定住宅とは、認定長期優良住宅および認定低炭素住宅をいう。
※　ZEH水準省エネ住宅（ネット・ゼロ・エネルギー・ハウス）とは、住宅の高断熱化および高効率設備による省エネと、太陽光発電等によりエネルギーを創ることで、1年間で消費する住宅のエネルギー量が正味（ネット）で概ねゼロ以下となる住宅をいう（特定エネルギー消費性能向上住宅）。
※　省エネ基準適合住宅とは、断熱、遮熱などの一定の基準に適合する住宅をいう（エネルギー消費性能向上住宅）。

5 その他の留意点

①　住宅ローンを繰上げ返済した場合には、当初の契約により定められていた最初の償還月から、その短くなった償還期間の最終の償還月までの期間が10年以上であれば、繰上げ返済後も住宅借入金等特別控除を受けることができる。
②　給与所得者は、居住の用に供した年は確定申告が必要であるが、2年目以降は年末調整で控除を受けることができる。

6 転勤等の後の再適用

転勤等やむを得ない事情により居住の用に供しなくなった後、再び居住の用に供した場合には、再入居した年（賃貸の用に供していた場合にはその翌年）以後、残存控除期間につき、この特別控除の適用を受けることができる。

7 住民税額からの控除

住宅ローン控除の適用を受け、その年分の所得税額から控除しきれない場合には、翌年度分の住民税から次の控除限度額の範囲内で控除する。

居住年	控除限度額
2022年1月1日～2025年12月31日	所得税の課税総所得金額等×5% (最高97,500円)

8 子育て特例対象個人の特例

夫婦のうちいずれかが年齢40歳未満である者または年齢19歳未満の扶養親族を有する者（子育て特例対象個人）が、認定住宅等の新築等（中古住宅は対象外）をして2024年1月1日から2024年12月31日までの間に居住の用に供した場合の年末ローン残高限度額は、次のとおりとなる。

	種類	居住年 2024年	控除期間	控除率
借入限度額	省エネ基準適合住宅	4,000万円※	13年間	0.7%
	ZEH基準適合住宅	4,500万円※		
	認定住宅	5,000万円※		

※　2024年中に建築確認を受けているものであれば、床面積40㎡以上50㎡未満であっても合計所得金額が1,000万円以下の場合には適用可能である。

（注）子育て支援の観点等から、省エネ基準適合住宅、ZEH基準適合住宅および認定住宅につき、2023年における借入限度額が減額されずに、2024年においても引き継がれる内容となっている。

POINT!

転勤等やむを得ない事情により、居住の用に供していない期間は住宅ローン控除の適用は受けられないが、再入居した場合には再入居した年以後、住宅ローン控除の適用を受けることができる。

6 認定住宅等の新築等をした場合の所得税額の特別控除

個人が認定長期優良住宅、認定低炭素住宅またはZEH水準省エネ住宅の新築等をした場合には、住宅ローンがなくても適用を受けられる税額控除である。住宅借入金等特別控除とは選択適用となる。

1 適用要件

① 認定住宅等の新築または建築後使用されたことのない認定住宅等の取得であること。
② 新築または取得の日から6カ月以内に居住の用に供していること。
③ この控除を受ける年分の合計所得金額が、2,000万円以下であること。
(注) 非居住者である期間中に認定住宅等の新築等をした場合にも対象となる。

2 控除額

次の算式により計算した金額を所得税の額から控除する。

認定住宅等の新築等に係る標準的な性能強化費用相当額※ × 10%

※ 標準的な性能強化費用とは、1㎡あたり45,300円と定められており、「45,300円×住宅の床面積」により計算する。

居住年	対象住宅	性能強化費用の限度額	控除率
2022年1月1日～ 2025年12月31日	認定住宅 ZEH水準省エネ住宅	650万円	10%

(注) 居住開始年の所得税の額から控除しきれない金額は、1年間繰り越して翌年分の所得税の額から控除することができる。

POINT!

認定住宅等を新築等した場合の所得税額の特別控除は、認定住宅等に係る住宅借入金等特別控除とは選択適用となる。

7 特定改修工事をした場合の所得税額の特別控除

個人が、自己が所有する居住用家屋についてバリアフリー改修工事、省エネ改修工事または多世帯同居改修工事を行い、一定要件を満たす場合には、住宅ローンがなくても一定金額の税額控除が受けられる。

なお、非居住者である期間中に特定改修工事をした場合でも適用がある。

1 適用要件

① 自己が所有する家屋について、バリアフリー改修工事、省エネ改修工事または多世帯同居改修工事を行って、2023年12月31日までに自己の居住の用に供すること。
② 改修工事の日から６カ月以内に居住の用に供すること。
③ 控除を受ける年分の合計所得金額が、2,000万円以下であること。
④ 工事後の家屋の床面積が50㎡以上であり、かつ、床面積の２分の１以上が居住用であること。

2 控除額等

(1) バリアフリー改修工事

① 対象となる工事
・車椅子で容易に移動するために通路または出入り口の幅を拡張する工事
・階段の設置または改良によりその勾配を緩和する工事
・トイレ、浴室、脱衣室その他の居室等の段差を解消し、または手すりを設置する工事　など

② 適用対象者
・50歳以上の者
・介護保険法に規定する要介護または要支援の認定を受けている者
・所得税法上の障害者
・高齢者等（65歳以上の者、要介護者、要支援者、所得税法上の障害者）と同居を常況としている者

③ 控除額
バリアフリー改修工事をした場合の改修工事限度額、控除率および控除限度額は以下のとおりである。

居住年	改修工事限度額	控除率	控除限度額
2022年１月１日～ 2025年12月31日	200万円	10%	20万円

(2) 省エネ改修工事

① 対象となる工事

居室の窓の改修工事、またはその工事と併せて行う床等の断熱工事、天井の断熱工事または壁の断熱工事などをいう。

② 控除額

省エネ改修工事をした場合の改修工事限度額、控除率および控除限度額は以下のとおりである。

居住年	改修工事限度額	控除率	控除限度額
2022年1月1日～ 2025年12月31日	250万円 (350万円)	10%	25万円 (35万円)

(注) カッコ内の金額は、省エネ改修工事と併せて太陽光発電装置を設置する場合の改修工事限度額および控除限度額である。

(3) 多世帯同居改修工事

① 対象となる工事

対象となる多世帯同居改修工事とは、調理室、浴室、トイレまたは玄関のいずれかを増設する工事で、改修後これらのいずれか２つ以上が複数となる工事をいう。

② 控除額

多世帯同居改修工事をした場合の改修工事限度額、控除率および控除限度額は以下のとおりである。

居住年	改修工事限度額	控除率	控除限度額
2022年1月1日～ 2025年12月31日	250万円	10%	25万円

8 子育て対応改修工事をした場合の所得税額の特別控除

子育て特例対象個人（夫婦のうちいずれかが年齢40歳未満である者または年齢19歳未満の扶養親族を有する者）が、自己が所有する居住用家屋について、子育て対応改修工事を行い、一定要件を満たす場合には、住宅ローンがなくても一定金額の税額控除を受けられる。

1 適用要件

① 自己の所有する居住用の家屋について一定の子育て対応改修工事をして、当該居住用の家屋を2024年４月１日から同年12月31日までの間に居住の用に供すること。
② 改修工事の日から６カ月以内に居住の用に供すること。
③ 控除を受ける年分の合計所得金額が2,000万円以下であること。
④ 工事後の家屋の床面積が50㎡以上であり、かつ、床面積の２分の１以上が居住用であること。

2 控除額等

① 対象となる工事
以下の工事であって、標準的な工事費用相当額（補助金等の交付がある場合には当該補助金等の額を控除した後の金額）が50万円を超えること等一定の要件を満たすものをいう。
・住宅内における子どもの事故を防止するための工事
・対面式キッチンへの交換工事
・開口部の防犯性を高める工事
・収納設備を増設する工事
・開口部・界壁・床の防音性を高める工事
・間取り変更工事（一定のものに限る）
② 適用対象者
・年齢40歳未満であって配偶者を有する者
・年齢40歳以上であって年齢40歳未満の配偶者を有する者
・年齢19歳未満の扶養親族を有する者
③ 控除額
子育て対応改修工事をした場合の工事限度額、控除率および控除限度額は以下のとおりである。

居住年	改修工事限度額	控除率	控除限度額
2024年４月１日～ 2024年12月31日	250万円	10%	25万円

9 住宅耐震改修特別控除

個人が自己の居住の用に供する家屋について住宅耐震改修をした場合には、一定の金額をその年分の所得税額から控除することができる。

なお、非居住者である期間中に住宅耐震改修工事を行った場合でも適用がある。

1 適用要件

自己の居住の用に供する家屋（1981年５月31日以前に建築されたものに限る）について住宅耐震改修をした場合には、一定金額をその年分の所得税の額から控除する。この規定は住宅ローンの有無は問わないが、この規定と住宅借入金等特別控除のいずれの要件も満たしている場合には、両方の適用を受けることができる。

ただし、一定の耐震基準に適合しない既存住宅を取得して、その取得後に耐震改修工事を行うことで住宅借入金等特別控除の適用要件を満たした場合には、住宅耐震改修特別控除と住宅借入金等特別控除は併用できず、どちらか一方の選択適用となる。

2 控除額

居住年	耐震改修工事限度額	控除率	控除限度額
2022年１月１日～ 2025年12月31日	250万円	10%	25万円

10 政党等寄附金特別控除

政党または政治資金団体に対する政治活動に関する寄附金で一定のものについては、所得控除としての寄附金控除の適用を受けるか、税額控除の適用を受けるか、いずれか有利な方を選択することができる。

1 控除額

控除額 ＝（その年中に支払った政党等寄附金の額の合計額 － 2千円）× 30%

（注1）控除額は、「所得税額×25%」を限度とする。

（注2）「その年中に支払った政党等寄附金の額の合計額」については、その年分の総所得金額等の40%相当額が限度とされる。

11 定額減税

2024年分の所得税および2024年度分の住民税について、定額による税額特別控除が実施される。なお、この定額減税（特別控除）は2024年分の所得税および2024年度分の住民税に限られた措置である。

1 適用対象者

居住者のうち、所得税については2024年分の合計所得金額が1,805万円以下※であるものに限られる。また、住民税については2023年分の合計所得金額が1,805万円以下※であるものに限られる。

※　給与所得者については、年収2,000万円以下（給与所得控除額の上限額195万円を控除することにより合計所得金額が1,805万円となる）の者である。

2 減税額（特別控除額）

減税額（特別控除額）は、所得税および住民税につきそれぞれ次の金額の合計額となる。なお、それぞれ2024年分の所得税額および2024年度分の住民税額（所得割）を限度とする。

① 所得税＊1
本人、同一生計配偶者＊2または扶養親族１人につき３万円

② 住民税＊3
本人、控除対象配偶者＊2または扶養親族１人につき１万円

＊1　給与所得者に係る所得税の定額減税は、2024年６月の給与等（賞与を含む）に係る源泉徴収税額（控除前源泉徴収税額）から控除し、控除しきれないときは、７月分以降の控除前源泉徴収税額から順次控除する。

＊2　所得税では同一生計配偶者（2023年分の合計所得金額が48万円以下である配偶者）であるが、住民税では控除対象配偶者（2023年分の合計所得金額が1,000万円以下である居住者の配偶者で、2023年分の合計所得金額が48万円以下であるもの）が対象になる。なお、控除対象配偶者以外の同一生計配偶者（2023年分の合計所得金額が1,000万円超である居住者の配偶者）については、2025年分の住民税額から控除する。

＊3　給与所得者に係る住民税の定額減税は、特別徴収の場合、2024年６月の給与等について、源泉徴収を行わず、特別控除を控除した後の住民税額の11分の１を2024年７月から2025年５月までの給与等から毎月徴収する。

	適用対象者	控除額	
所得税	2024年分の合計所得金額が1,805万円以下	本人	3万円
		同一生計配偶者	
		扶養親族	
住民税	2023年分の合計所得金額が1,805万円以下	本人	1万円
		控除対象配偶者※	
		扶養親族	

※　控除対象配偶者以外の同一生計配偶者については、2025年度分の住民税（所得割）から控除する。

12 災害減免法

災害により住宅、家財に損害を受けた場合に、以下の要件を満たすときは災害減免法の適用により所得税額の軽減または免除を受けることができる。なお、雑損控除と災害減免法の適用は、どちらか選択適用となる。

① 所得金額の合計額が1,000万円以下であること

② 災害によって受けた損害額が住宅・家財の時価の２分の１以上であること

■災害減免法により軽減または免除される所得税

所得金額の合計額	軽減または免除される所得税の額
500万円以下	所得税の額の全額
500万円超　750万円以下	所得税の額の２分の１
750万円超　1,000万円以下	所得税の額の４分の１

チェックテスト

(1) 所得税額の計算は、総所得金額と分離課税の所得を合算した金額に超過累進税率を適用する。

(2) 課税総所得金額等が1,000万円以下の場合には、「配当所得の金額×５％」の金額が配当控除として所得税額から控除される。

(3) 住宅ローン控除は、住宅の取得の日において居住者または非居住者であるかにかかわらず、適用を受けることができる。

(4) 住宅ローン控除は、合計所得金額が原則として2,000万円以下の年に適用がある。

(5) 転勤により居住の用に供さなくなった住宅でも、再居住した場合には残存期間につき、住宅ローン控除を受けることができる。

(6) 住宅ローンの繰り上げ返済を行い、繰り上げ返済後の返済期間が10年未満となった場合には、その年からは住宅ローン控除は受けられない。

(7) 住宅ローン控除は、住宅を取得してから12カ月以内に居住していなければ適用を受けられない。

(8) 認定住宅を新築等した場合の所得税額の特別控除は、その年の所得税額から控除しきれない金額を翌年に繰り越すことができる。

(9) 政党等寄附金を支出した場合には、所得控除と税額控除のいずれか有利な方を選択することができる。

(10) 住宅・家財が時価の２分の１以上の損害を受け、かつ、所得金額の合計額が1,000万円以下の場合には、災害減免法により所得税額が減免される。

解答

(1) ×	(2) ×	(3) ○	(4) ○	(5) ○
(6) ×	(7) ×	(8) ○	(9) ○	(10) ○

第4章 所得税額の計算および税額控除

第5章

申告と納付

過去の出題状況	2022.5	2022.9	2023.1	2023.5	2023.9	2024.1
確定申告	☆		☆		☆	
青色申告						
納　付			☆			

1. 確定申告

⑴　確定申告書には、確定所得申告、還付等を受けるための申告、確定損失申告の3種類がある。

⑵　給与所得者の確定申告

給与所得者であっても、給与等の金額が2,000万円を超える場合等一定の要件に該当する場合は、確定申告が必要である。

⑶　死亡または出国の場合

年の中途で死亡した場合は、その者の相続人は相続開始を知った日の翌日から4カ月以内、年の中途で出国する場合は出国のときまでに確定申告書を提出しなければならない。

2. 納　付

⑴　予定納税基準額が15万円以上の場合、第1期および第2期において予定納税をしなければならない。

⑵　確定申告書を提出した者は、翌年3月15日までに確定申告書に記載した金額を納付しなければならない。

⑶　予定納税額の控除不足等がある場合には、還付を受けることができる。

3. 青色申告

⑴　青色申告の承認申請

不動産所得、事業所得、または山林所得を生ずべき業務を行う者は、所轄税務署長の承認を受けた場合には青色申告書を提出することができる。

⑵　青色申告者の義務と特典

青色申告者は、帳簿の記帳義務・保存義務があるが、さまざまな特典が与えられている。

1 確定申告

1 確定申告書の種類

① 確定所得申告

課税標準の合計額が所得控除の額を超え、所得税額が配当控除および年末調整に係る住宅借入金等特別控除との合計額を超える場合には、第３期（翌年の２月16日から３月15日までの期間）において、確定申告書を提出しなければならない。

② 還付等を受けるための申告

給与等から源泉徴収された所得税額や予定納税額がその年分の所得税額から控除しきれない場合には、還付申告をすることによって還付を受けることができる。還付申告ができる期間は、その年の翌年の１月１日から５年間である。

③ 確定損失申告

純損失の金額や、雑損失の金額の繰越控除の適用を受ける場合には、第３期において、確定損失申告書を提出することができる。

2 給与所得者の確定申告

給与所得者であっても次の場合には確定申告書を提出しなければならない。

① その年中に支払いを受ける給与等の金額が2,000万円を超える場合。

② １カ所から給与の支払いを受けている者は、「給与所得および退職所得以外の所得金額」が20万円を超える場合。

③ ２カ所から給与の支払いを受けている者は、「従たる給与」+「給与所得および退職所得以外の所得金額」が20万円を超える場合。

（注）ただし、給与等の金額から「雑損控除、医療費控除、寄附金控除、基礎控除以外の各所得控除の合計額」を差し引いた金額が150万円以下、かつ、「給与所得および退職所得以外の所得の金額の合計額」が20万円以下の場合は確定申告の必要はない。

3 公的年金等に係る確定申告不要制度

公的年金等に係る収入金額が400万円以下で、かつ、他の所得が20万円以下の場合には、確定申告の必要はない。ただし、医療費控除の適用を受けるような場合には確定申告をすることができる。

4 死亡または出国の場合

① 居住者が年の中途で死亡した場合には、相続人は、その相続の開始があったことを知った日の翌日から**4カ月以内**に準確定申告をしなければならない。

なお、相続人が複数いる場合には、各相続人が連署により準確定申告を行う。ただし、他の相続人等の氏名を付記して各人が別々に申告することもできる。

② 年の中途で出国する者は、納税管理人の届け出をしない場合には、出国のときまでに確定申告書を提出しなければならない。

2 納　付

1 予定納税

予定納税とは、確定申告によって納付すべき所得税の一部をあらかじめ納付する制度である。予定納税基準額が15万円以上である場合には、第１期（７月１日から７月31日までの期間）および第２期（11月１日から11月30日までの期間）において、予定納税基準額の３分の１ずつを納付しなければならない。

（注）予定納税基準額は、前年分の所得をもとにして計算した税額である。前年分の所得から臨時的な所得を除いた、経常的な所得を基礎として計算される。

2 確定申告による納付

① 確定申告書を提出した者は、３月15日までにその申告書に記載した所得税を国に納付しなければならない。

② 届け出をすることで、延納が認められる。延納とは、納付すべき所得税額の２分の１以上を３月15日までに納付すれば、残額は５月31日までに納付を延期することができる制度である。この場合、延納期間の日数に応じた利子税を支払わなければならない。

③ 源泉徴収税額の控除不足額、予定納税額の控除不足額がある場合には、確定申告により還付を受けることができる。

POINT!

- **年の中途で死亡した場合、相続人は、その相続の開始があったことを知った日の翌日から４カ月以内に準確定申告を行う。**
- **出国する場合は、出国のときまでに確定申告書を提出しなければならない。ただし、納税管理人を選任し、届け出た場合には、翌年の２月16日から３月15日までの期間が確定申告期限となる。**

3 青色申告の承認申請

1 青色申告ができる者

不動産所得、事業所得または山林所得を生ずべき業務を行う居住者（非居住者の場合にはこれらの業務を国内において行う者）は、所轄税務署長の承認を受けた場合には、青色申告書を提出することができる。

2 青色申告承認申請書の提出期限

① 承認を受けようとする年の３月15日まで
② その年の１月16日以後新たに業務を開始した場合は、業務開始から２カ月以内

3 承認または却下

税務署長は、2の申請書の提出があった場合には、承認または却下の通知をすることになっている。ただし、その年の12月31日までに通知がない場合には、自動的に承認されたものとみなす。

4 相続人の承認申請

青色申告者であった被相続人の業務を相続人が承継し、青色申告をしようとする場合には、その相続人は、青色申告承認申請書を提出しなければならない。

POINT!

- **青色申告の承認申請書の提出期限は、その年の３月15日（その年１月16日以後新たに業務を開始した場合は、業務開始から２カ月以内）である。**
- **青色申告の承認は、相続によって引き継がれるものではないため、相続人が青色申告をしようとする場合には、承認申請書の提出が必要である。**

4 青色申告者の義務と特典

1 記帳義務

青色申告者は、一切の取引を正規の簿記（複式簿記）の原則に従い、整然かつ、明瞭に記録し、その記録に基づき、貸借対照表および損益計算書を作成しなければならない。ただし、簡易帳簿で記帳してもよいこととされている。

帳簿書類は７年間（一定のものは５年間）保存しなければならない。

2 特　典

(1) 青色事業専従者給与の必要経費算入

その年の３月15日まで（新規開業の場合は、開業から２カ月以内）に「青色事業専従者給与に関する届出書」を提出することが必要である。

(2) 青色申告特別控除

① 事業的規模の不動産所得、事業所得を生ずべき事業を行う者で、正規の簿記の原則により記帳し、貸借対照表および損益計算書を添付して期限内申告をした場合には55万円の青色申告特別控除が受けられる。ただし、以下のいずれかの要件を満たす場合には65万円を控除することができる。

(a) 所得税の確定申告書を電子申告（e-Tax）により提出する。

(b) 電子帳簿保存法の定めに従って帳簿の備え付け・保存を行う。

② 不動産所得（事業的規模でない）、山林所得、帳簿の要件を満たさない事業所得を生ずべき業務を行う者は、10万円の青色申告特別控除が受けられる。

(3) その他の特典

① 各種引当金の繰入れ
② 各種準備金の積立て
③ 30万円未満の減価償却資産の取得価額を全額必要経費に算入
④ 棚卸資産の低価法の選択
⑤ 純損失の繰越控除
⑥ 純損失の繰戻還付

POINT!

青色申告者は、一切の取引を正規の簿記（複式簿記）の原則に従い、整然かつ、明瞭に記録し、その記録に基づいて貸借対照表および損益計算書を作成し、帳簿書類は７年間（一定のものは５年間）保存しなければならない。
一方で、青色事業専従者給与の必要経費算入、青色申告特別控除などの特典が設けられている。

5 源泉徴収票

1 給与所得の源泉徴収票

令和６年分　給与所得の源泉徴収票

支払を受ける者	住所又は居所	東京都豊島区東池袋○○
	(受給者番号)	
	(個人番号)	××××××××××××
	(役職名)	営業課長
	氏名 (フリガナ)	スズキ　タロウ
	氏名	鈴木　太郎

種別	支払金額	給与所得控除後の金額	所得控除の額の合計額	源泉徴収税額
給料	内 8,000千 000円	6,100千 000円	2,680千 000円	内 154千 600円

(源泉)控除対象配偶者の有無等 有	従有	老人	配偶者(特別)控除の額	控除対象扶養親族の数(配偶者を除く。) 特定	従人	老人 内	老人	従人	その他	従人	16歳未満扶養親族の数	障害者の数(本人を除く。) 特別 内	特別	その他	非居住者である親族の数
○			千 円	1人			人		1人		人		人	人	人

社会保険料等の金額	生命保険料の控除額	地震保険料の控除額	住宅借入金等特別控除の額
内 680千 000円	120千 000円	10千 000円	105千 000円

(摘要)

生命保険料の金額の内訳	新生命保険料の金額	110,000円	旧生命保険料の金額	円	介護医療保険料の金額	80,000円	新個人年金保険料の金額	円	旧個人年金保険料の金額	160,000円

住宅借入金等特別控除の額の内訳						
住宅借入金等特別控除適用数	1	居住開始年月日(1回目)	26年 10月 18日	住宅借入金等特別控除区分(1回目)	住	住宅借入金等年末残高(1回目) 15,000,000円
住宅借入金等特別控除可能額	円	居住開始年月日(2回目)	年 月 日	住宅借入金等特別控除区分(2回目)		住宅借入金等年末残高(2回目) 円

(源泉・特別)控除対象配偶者				
(フリガナ)	スズキ　ハナコ	区分	配偶者の合計所得 円	国民年金保険料等の金額 円 / 旧長期損害保険料の金額 円
氏名	鈴木花子			基礎控除の額 円 / 所得金額調整控除額 円
個人番号	××××××××××××			

控除対象扶養親族	(フリガナ)	氏名	区分	個人番号
1	スズキ　イチロウ	鈴木一郎		××××××××××××
2	スズキ　ジロウ	鈴木二郎		××××××××××××
3				
4				

16歳未満の扶養親族	(フリガナ)	氏名	区分
1			
2			
3			
4			

(備考)

未成年者	外国人	死亡退職	災害者	乙欄	本人が障害者 特別	その他	寡婦 一般	特別	寡夫	勤労学生	中途就・退職 就職	退職	年	月	日	受給者生年月日 明	大	昭	平	年	月	日
																		○		39	10	5

支払者		
個人番号又は法人番号	××××××××××××	(右詰で記載してください。)
住所(居所)又は所在地	東京都新宿区西新宿○○	
氏名又は名称	ＣＡＴ株式会社	(電話) 03－××××－××××

整理欄		

(税務署提出用)

375

第5章 申告と納付

2 源泉徴収票の見方

(1) 給与所得の金額

1カ所からのみ給与等の支払いを受けているときは、源泉徴収票の「給与所得控除後の金額」が給与所得の金額となる。

(2) 所得控除の額の合計額

所得控除のうち、年末調整で考慮されるものは、雑損控除、医療費控除、寄附金控除以外のものである。雑損控除、医療費控除、寄附金控除（「ふるさと納税ワンストップ特例制度」を適用する場合を除く）を受ける場合には、給与所得者でも確定申告が必要である。

(3) 源泉徴収税額

源泉徴収票の源泉徴収税額が、適正な年税額（年末調整により精算された後の税額）である。

(4) 個人番号

給与の支払いを受ける者の個人番号（右上）、控除対象配偶者および扶養親族の個人番号（中央）、給与の支払者の個人番号（下）を記入する。ただし、個人番号を記入するのは税務署提出用のみで、本人交付用には個人番号は記入しない。

(5) その他

① 社会保険料等の金額には、社会保険料控除額と小規模企業共済等掛金控除額との合計額が記入される。

なお、小規模企業共済等掛金控除額は、内書きされる。

② 老人や障害者の特別の「内」は、同居老親等や同居特別障害者を意味する。

③ 基礎控除の額は、基礎控除額が48万円の場合には記入されない。

■年税額の計算（復興特別所得税を考慮するが、定額減税は考慮しない）

(1) 源泉徴収票の所得控除の額の合計額2,680,000円の内訳

①	社会保険料控除額	680,000円	
②	生命保険料控除額	120,000円	
③	地震保険料控除額	10,000円	
④	配偶者控除額	380,000円	
⑤	扶養控除額	1,010,000円	＝ 630,000円（特定） ＋ 380,000円（一般）
⑥	基礎控除額	480,000円	
		2,680,000円	

(2) 源泉徴収票の源泉徴収税額108,700円の計算

① 給与所得控除額
8,000,000円×10% +1,100,000円=1,900,000円

② 給与所得の金額
8,000,000円−1,900,000円=6,100,000円

③ 課税総所得金額
6,100,000円−2,680,000円=3,420,000円

④ 課税総所得金額に対する税額
3,420,000円×20%−427,500円=256,500円

⑤ 差引所得税額
256,500円−105,000円=151,500円
住宅ローン控除

※定額減税を行う場合には住宅ローン控除後の税額から控除する。

⑥ 復興特別所得税額
151,500円×2.1% =3,181円（円未満切捨）

⑦ 年税額
151,500円+3,181円=154,681円→154,600円（百円未満切捨）

■給与所得控除額

収入金額		給与所得控除額
	180万円以下	収入金額×40%−10万円 55万円に満たない場合は55万円
180万円超	360万円以下	収入金額×30%+8万円
360万円超	660万円以下	収入金額×20%+44万円
660万円超	850万円以下	収入金額×10%+110万円
850万円超		195万円

■課税総所得金額に対する税率

課税総所得金額		税率	控除額
	195万円以下	5%	
195万円超	330万円以下	10%	9.75万円
330万円超	695万円以下	20%	42.75万円
695万円超	900万円以下	23%	63.6万円
900万円超	1,800万円以下	33%	153.6万円
1,800万円超	4,000万円以下	40%	279.6万円
4,000万円超		45%	479.6万円

チェックテスト

⑴ 給与所得者は、給与の金額が2,000万円を超える場合には確定申告をしなければならない。

⑵ 年末調整を受ける給与所得者であっても、「雑損控除」および「医療費控除」を受ける場合には確定申告が必要である。

⑶ ２カ所から給与を受けている者は、それぞれの支払者が年末調整をすることにより確定申告不要とすることができる。

⑷ 年の中途で死亡した場合には、死亡した者の相続人は、その者の死亡から６カ月以内に準確定申告を行う。

⑸ 所得税の延納を選択した場合には、３月15日までに納付すべき税額の３分の１以上を納付し、残額は５月31日まで納付が延期される。

⑹ 青色申告承認申請書は、新規開業の場合には開業から２カ月以内に提出する。

⑺ 青色申告の承認は被相続人の事業を承継した相続人に承継されるため、相続人は青色申告承認申請書を改めて提出する必要はない。

⑻ ８世帯のアパートを経営している場合には、青色申告特別控除額は原則として最高55万円である。

⑼ 青色申告者は一切の取引を正規の簿記の原則に従い、整然かつ明瞭に記録しなければならない。

⑽ 青色申告ができる所得は、事業所得、事業的規模の不動産所得、山林所得である。

解答

⑴ ○	⑵ ○	⑶ ×	⑷ ×	⑸ ×
⑹ ○	⑺ ×	⑻ ×	⑼ ○	⑽ ×

第6章

個人住民税と個人事業税

過去の出題状況	2022.5	2022.9	2023.1	2023.5	2023.9	2024.1
個人事業税					☆	
個人住民税				☆		☆

1.　個人住民税

道府県民税（東京都は都民税）と市町村民税（東京都特別区は特別区民税）をあわせて住民税という。

個人の住民税の賦課期日は、その年の１月１日である。

2.　個人事業税

事業所得、不動産所得（貸付の規模が一定の規模以上のものに限る）を行う者が課税される。所得から290万円の事業主控除額を控除することができる。

1 個人住民税

道府県民税（東京都は都民税）と市町村民税（東京都特別区は特別区民税）をあわせて住民税という。

個人の住民税の賦課期日は、その年の1月1日である。その年の1月1日に住所を有する者に対して前年の所得をもとにして計算された税額をその年度に納付する。

なお、その年の1月1日において生活保護を受けている者や障害者、未成年者、ひとり親または寡婦（夫）で、かつ、前年の合計所得金額が135万円以下の者などは住民税が非課税となる。

1 均等割

均等割は、個人住民税が非課税となる者を除き、所得の多少に関係なく均等に課税される。

■均等割

道府県民税	1,500円（復興税500円を含む）
市町村民税	3,500円（復興税500円を含む）

（注）2023年度までの間、復興増税としてそれぞれ500円が上乗せになっている。なお、2024年度以降は、復興税は廃止されるが、代わりに森林環境税1,000円が上乗せされる。

2 所得割

住民税の所得割は前年所得をもとにして計算される。税率は一律10%である。

■所得割

	一般・退職所得	指定都市
道府県民税の税率	4％	2％
市町村民税の税率	6％	8％

（注1）指定都市とは、政令で指定する人口50万人以上の市をいう。

（注2）退職所得の住民税は、前年の所得に対して課されるのではなく、所得税と同様に退職金を支払う際に徴収される。

① 課税短期譲渡所得金額……9％
② 課税長期譲渡所得金額……5％
③ 上場株式等に係る課税配当所得等の金額……5％
④ 上場株式等に係る課税譲渡所得等の金額……5％

⑤　一般株式等に係る課税譲渡所得等の金額……５％

3 所得控除

所得税における所得控除は15種類あるのに対し、住民税の所得控除は14種類である。住民税の**寄附金控除**は所得控除ではなく**税額控除**となっているからである。また、所得控除額については、「雑損控除」「医療費控除」「社会保険料控除」「小規模企業共済等掛金控除」は所得税と同様であるが、その他の控除額は異なる。

■所得税と異なる所得控除額

<table>
<tr><th>区　分</th><th>控　除　額</th></tr>
<tr><td>生命保険料控除</td><td>一般の生命保険料、介護医療保険料、個人年金保険料を、それぞれ次表により計算した金額の合計額
2012年１月１日以後に締結した契約
<table>
<tr><th>支払った保険料</th><th>控　除　額</th></tr>
<tr><td>12,000円以下</td><td>支払保険料の全額</td></tr>
<tr><td>12,000円超　32,000円以下</td><td>支払保険料×1/2＋6,000円</td></tr>
<tr><td>32,000円超　56,000円以下</td><td>支払保険料×1/4＋14,000円</td></tr>
<tr><td>56,000円超</td><td>28,000円</td></tr>
</table>
一般の生命保険料と個人年金保険料をそれぞれ次表により計算した金額の合計額（７万円を限度とする）
2011年12月31日以前に締結した契約
<table>
<tr><th>支払った保険料</th><th>控　除　額</th></tr>
<tr><td>15,000円以下</td><td>支払保険料の全額</td></tr>
<tr><td>15,000円超　40,000円以下</td><td>支払保険料×1/2＋7,500円</td></tr>
<tr><td>40,000円超　70,000円以下</td><td>支払保険料×1/4＋17,500円</td></tr>
<tr><td>70,000円超</td><td>35,000円</td></tr>
</table>
</td></tr>
<tr><td>地震保険料控除</td><td>支出額×$\frac{1}{2}$(最高25,000円)</td></tr>
<tr><td>障害者控除</td><td>原則26万円</td></tr>
<tr><td>寡婦控除</td><td>26万円</td></tr>
<tr><td>ひとり親控除</td><td>30万円</td></tr>
<tr><td>勤労学生控除</td><td>26万円</td></tr>
<tr><td>配偶者控除</td><td>33万円（老人控除対象配偶者は38万円）</td></tr>
<tr><td>配偶者特別控除</td><td>最高33万円</td></tr>
<tr><td>扶養控除</td><td>33万円（特定扶養親族は45万円、老人扶養親族は38万円）
（注）同居老親等は７万円加算</td></tr>
<tr><td>基礎控除</td><td>所得に応じて43万円～０円</td></tr>
</table>

4 税額控除

住民税の税額控除は「配当控除」「外国税額控除」「寄附金税額控除」がある。また、所得税において住宅借入金等特別控除の適用を受けて所得税額から控除しきれなかった場合には、次の金額を限度として翌年度分の住民税額から控除できる。

居住年	控除限度額
2022年１月１日～2025年12月31日	所得税の課税総所得金額等×５％ （最高97,500円）

5 申告と納付

(1) 申　告

住民税は賦課課税方式を採用しており、所得税の確定申告書を提出する場合には、そのデータをもとに住民税額が計算されるため、改めて住民税の申告をする必要はない。

(2) 納　付

納付の方法には、自分で納付する普通徴収と給与や年金から天引きされる特別徴収の２つの方法がある。

① 普通徴収
原則として６月、８月、10月、翌年１月の４回に分割して納付する。

② 特別徴収
給与所得者については、６月から翌年５月までの12回に分割し、毎月の給与から徴収される。

2 個人事業税

事業所得、不動産所得（貸付けの規模が一定の規模以上のものに限る）を行う者が課税される。所得から**290万円の事業主控除額**を控除することができる。

1 業種の区分

業種を第１種事業、第２種事業、第３種事業に区分し、前年所得をもとにして課税される。

■事業税が課税される事業

第１種事業	物品販売業、金銭貸付業、物品貸付業、不動産貸付業、製造業、運送業など
第２種事業	畜産業（農業に付随するもの以外）、水産業など
第３種事業	医業、歯科医業、弁護士業、税理士業、デザイン業、理容業、クリーニング業など

2 所得計算と税額

① 所得計算

事業の所得の金額 － 損失の繰越控除額 － 事業用資産の譲渡損失 － 事業主控除額（290万円） ＝ 課税所得金額

（注）青色申告特別控除は適用されない。なお、事業主控除額は、年の中途での開業等を行った場合には、月割計算される。また、損失の繰戻還付の適用は認められない。

② 税率

・第１種事業……５％
・第２種事業……４％
・第３種事業……５％または３％

3 貸付けの規模

不動産貸付業、駐車場業については、原則として貸付規模が次のものである場合には、事業税は課税されない。

■事業税が課せられない貸付規模

内容	貸付規模
アパート・貸間等の貸付け	一戸建は10棟未満、一戸建以外は10室未満
事務所・店舗等の貸付け	独立家屋は５棟未満、独立家屋以外は10室未満
住宅用土地の貸付け	貸付契約件数が10件未満かつ貸付面積が2,000m²未満
住宅用土地以外の土地貸付け	貸付契約件数が10件未満
上記４つをあわせた貸付け	棟数、室数、貸付契約件数の合計が10件未満
駐車場業	駐車可能台数が10台未満であり、かつ、建築物である駐車場または機械設備を設けた駐車場でない場合

4 申告と納付

(1) 申　告

個人事業税の申告期限は翌年３月15日であるが、所得税の確定申告書を提出する場合には、その申告書が提出された日に個人事業税の申告があったものとみなされ、改めて事業税の申告をする必要はない。

(2) 納　付

都道府県税事務所から送付される納税通知書により、８月と11月の２回に分けて納付する。

POINT!

- 個人住民税と個人事業税は、ともに前年所得をもとにして計算される。
- 個人住民税の賦課期日は１月１日である。
- 個人事業税は、所得金額から290万円の事業主控除額を控除した金額が課税所得となる。

チェックテスト

⑴　個人住民税の賦課期日は、その年の１月１日である。

⑵　個人住民税は前年所得をもとにして計算される。

⑶　個人住民税の所得割は、所得に応じて累進課税により課税される。

⑷　個人住民税の均等割は、所得の多少に関係なく均等に課税される。

⑸　所得税において住宅ローン控除の適用を受け、所得税額から控除しきれない場合には、住民税額から控除できる。

⑹　個人住民税の普通徴収は、６月、８月、10月、12月の４回に分割して納付する。

⑺　個人事業税は、事業所得および事業的規模の不動産所得を営む者に課税される。

⑻　個人事業税の所得計算において、所得の金額から380万円の事業主控除額を控除することができる。

⑼　青色申告者は、個人事業税の所得計算において、所得の金額から最高50万円の青色申告特別控除を控除することができる。

⑽　個人事業税は、納税通知書により、８月と11月の２回に分けて納付する。

解答

⑴　○　⑵　○　⑶　×　⑷　○　⑸　○
⑹　×　⑺　○　⑻　×　⑼　×　⑽　○

第6章　個人住民税と個人事業税

第7章

法人税

過去の出題状況	2022.5	2022.9	2023.1	2023.5	2023.9	2024.1
減価償却	☆	☆				
役員給与		☆		☆	☆	☆
交際費等		☆	☆	☆	☆	☆
租税公課						
受取配当等の益金不算入	☆	☆				
欠損金				☆		
税額計算	☆	☆		☆		☆
貸倒損失					☆	
申告等	☆			☆	☆	
設立の手続					☆	
税額控除	☆	☆		☆		☆
グループ法人税制	☆					☆
各種引当金				☆	☆	☆
所得拡大（賃上げ）促進税制		☆		☆		
DX促進税制						☆
同族会社の判定						☆

1. 所得計算の仕組み

法人税の課税標準である各事業年度の所得の金額は、益金の額から損金の額を差し引いて求める。

2. 益金と損金

企業会計上の収益と法人税法上の益金、企業会計上の費用と法人税法上の損金は必ずしも一致しない。法人の確定した決算に基づく当期純利益から、法人税法上の課税所得を導き出すために調整が行われる。

3. 同族会社

同族会社は少数株主によって支配されているため、税負担が不当に回避されるのを避けることを目的として、特別な規定が設けられている。

4. 税額計算と申告・納付

申告期限は決算から２カ月以内、税率は原則として23.2％により課税される。

1 納税義務者

1 法人税の仕組み

① 国が課す国税である。
② 納税義務者と税負担者が一致する、直接税である。
③ 法人自らが所得計算および税額計算をして申告・納付する、申告納税方式である。

2 納税義務者

法人を次のように分類し、法人の種類ごとに課税所得の範囲を規定している。

法人の種類	具体例	課税所得の範囲
公共法人	地方公共団体、日本放送協会、㈱日本政策金融公庫等	納税義務なし
公益法人等	宗教法人、学校法人等	収益事業に係る所得のみ
人格のない社団等	PTA、同窓会等	
協同組合等	農業協同組合等	すべての所得
普通法人	株式会社等	

POINT!

法人税は、所得税と同様に所得金額に対して課せられる税金で、国税・直接税・申告納税方式となっている。

2 所得計算の仕組み

1 所得計算

企業会計では、収益から費用を差し引いて当期純利益を求めるのに対し、法人税の課税標準である各事業年度の所得の金額は、益金の額から損金の額を差し引いて求める。収益と益金および費用と損金は、企業会計上の取扱いと法人税法上の取扱いが異なるものがあるため、完全に一致しない。したがって、当期純利益と所得も一致しないこととなる。しかし、収益と益金および費用と損金は大部分が同じであるため、法人税法上の所得金額は、確定した決算に基づく企業会計の当期純利益に対し、企業会計と法人税法の取扱いが異なる点に調整を加えて法人税の課税所得を計算する。この税務調整は、法人税の申告書の「別表四」において行われる。

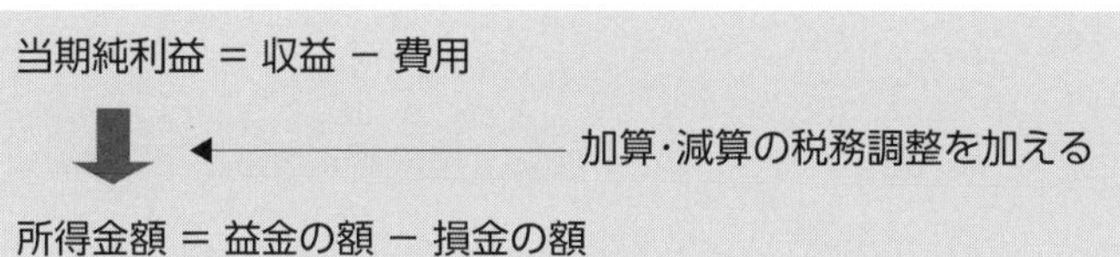

当期純利益 = 収益 − 費用
加算・減算の税務調整を加える
所得金額 = 益金の額 − 損金の額

2 益金と損金

① 益金の額：資産の販売、有償または無償による資産の譲渡、有償または無償による役務の提供、無償による資産の譲受け、その他の取引で資本等取引以外のものに係る収益の額

② 損金の額：売上原価、販売費一般管理費、その他の費用または損失の額で資本等取引以外のもの

3 税務調整

〈損益計算書〉

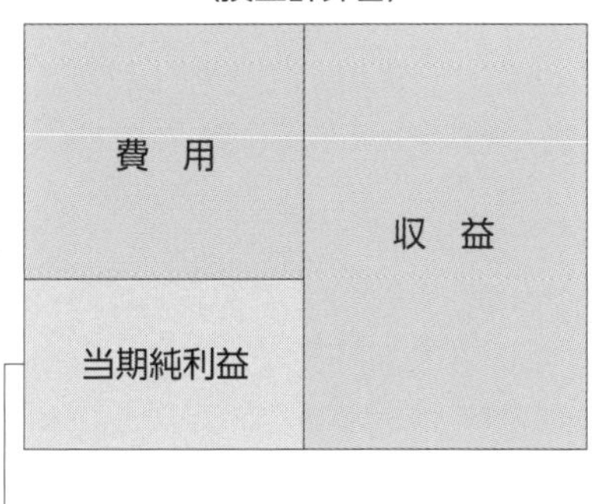

〈別表四〉

当期利益金		×××
加算	益金算入	＋××
	損金不算入	＋××
減算	益金不算入	△××
	損金算入	△××
所得金額		×××

当期純利益		当期純利益=収益－費用
加算	益金算入	企業会計上収益ではないが税法上益金の額に算入するもの
	損金不算入	企業会計上費用であるが税法上損金の額に算入しないもの
減算	益金不算入	企業会計上収益であるが税法上益金の額に算入しないもの
	損金算入	企業会計上費用ではないが税法上損金の額に算入するもの
所得金額		所得金額=益金の額－損金の額

法人税申告書「別表四」では、企業会計の当期純利益から出発して、加算・減算という調整を加えて所得計算をする。例えば、役員に対する賞与は企業会計では費用に計上される。しかし、法人税法では一定の要件を満たしたものでなければ役員賞与は損金の額に算入されない。企業会計の利益は、役員賞与が費用に計上されたうえで計算されたものであるため、別表四において、「役員賞与の損金不算入」という加算調整を行い、所得計算上は役員賞与の額が損金の額に算入されていない状態にするのである。

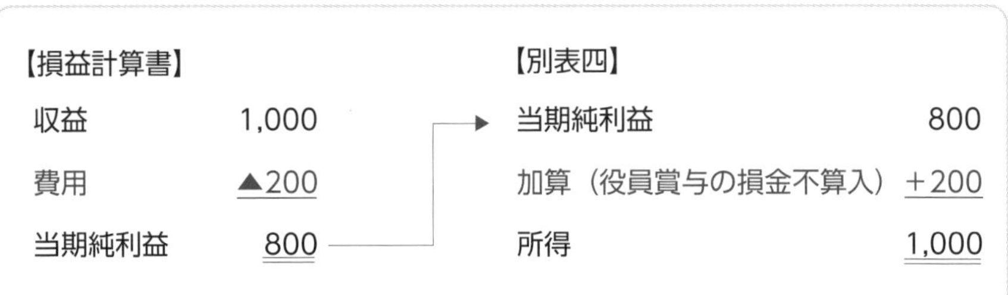

4 別段の定め

企業会計上の収益・費用と税法上の益金・損金が不一致のものについては、法人税法上「別段の定め」として規定され、次のようなものがある。

① 益金について：受取配当等の益金不算入

② 損金について：減価償却
役員給与
交際費等
寄附金等の損金算入または損金不算入

POINT!

法人の所得は、確定した決算に基づく利益に加算（益金算入・損金不算入）、減算（益金不算入・損金算入）の税務調整を行って計算する。

3 受取配当等の益金不算入

1 概　要

法人が配当等を受け取った場合には企業会計上は収益に計上され、そのままだと法人税が課税される。配当等を支払った法人側では、法人税が課税された後の課税済み所得から配当等を支払っているため、受取法人側で収益に計上すると、同一の所得に対して２回法人税が課税されることになる。この二重課税を排除するため、受取配当金は益金不算入としている。

2 益金不算入額

次の区分に応じ、それぞれ計算した金額の合計額を益金不算入とする。

区　分	益金不算入額の計算
完全子法人株式等（株式保有割合100%）※	受取配当等の額×100%
関連法人株式等（株式保有割合３分の１超）	(受取配当等の額－負債利子)×100%
その他の株式等	受取配当等の額×50%
非支配目的株式等（株式保有割合５%以下）	受取配当等の額×20%

※　完全子法人等から2023年10月１日以降に支払を受けるべき配当等については、源泉徴収が行われない。

3 その他の益金

①　法人税の還付加算金は益金に算入する。
　※法人税の還付金は益金不算入である。
②　棚卸資産などの資産の評価換えによる帳簿価額の増加部分は原則として益金不算入である。

第7章 法人税

POINT!

- 受取配当等の益金不算入は、二重課税を排除するために設けられている。
- ３分の１超保有する株式からの配当等は全額、５%超３分の１以下保有する株式からの配当等は50%、５%以下保有する株式からの配当等は20%が益金不算入となる。

4 減価償却

1 償却費の計算

法人が有する減価償却資産について、償却費として損金の額に算入する金額は、法人が償却費として損金経理をした金額のうち、償却限度額に達するまでの金額とされる。減価償却費の計算方法は所得税と同様であるが、次のような違いがある。

① 法人税
　任意償却。償却限度額以内の金額であれば、金額はいくらでもいい。

② 所得税
　強制償却。必ず償却限度額まで償却しなければならない。

2 償却方法

選定できる償却方法は、所得税と同じで、定額法、定率法があり、資産の種類ごとに償却方法を選択して、資産を取得した事業年度の確定申告期限までに納税地の所轄税務署長に届出書を提出する。

届け出をしなかった場合は法定償却方法により償却をする。法人の法定償却方法は**定率法**である（所得税は定額法）。

なお、次の資産に適用できる償却方法は、定額法のみである。

・建物（1998年（平成10年）4月1日以後に取得したもの）
・建物附属設備および構築物（2016年（平成28年）4月1日以後に取得したもの）

3 少額減価償却資産

使用可能期間が1年未満のもの、または取得価額が10万円未満のものについては、事業の用に供した事業年度においてその取得価額の全額を、損金の額に算入することができる。

ただし、**中小企業者である青色申告法人**は、**取得価額30万円未満**（年間300万円を限度）の資産については、取得価額の全額を事業の用に供した事業年度において、損金の額に算入することができる。

（注1）中小企業者とは、資本金の額または出資金の額が1億円以下の法人をいう。ただし、同一の大規模法人（資本金の額もしくは出資金の額が1億円を超える法人のうち常時使用する従業員の数が1,000人を超える法人をいう）に発行済株式総数の2分の1以上を所有されている法人および2以上の大規模法人に発行済株式総数の3分の2以上を所有されている法人を除く。

（注2）中小企業者でも、常時使用する従業員の数が500人を超える法人は、適用対象から除かれる。

（注3）貸付を主な事業として行う場合を除き、貸付の用に供した資産は対象とならない。

（注４）対象法人から電子情報処理組織を使用する方法により法人税の確定申告書等に記載すべきものとされる事項を提供しなければならない法人のうち常時使用する従業員の数が300人を超えるものが除外される。なお、所得税については適用対象に変更はない。

4 一括償却資産

取得価額が20万円未満のもの（少額減価償却資産の適用を受けるものを除く）については次のいずれかの方法による。

① 通常どおり減価償却を行う。

② 取得価額を３年間で均等償却を行う。

ただし、貸付を主な事業として行う場合を除き、貸付の用に供した資産は３年間均等償却を選択することができない。

第7章

法人税

POINT!

・法人税……任意償却。償却限度額以内であればよい。
　　　　　　法定償却方法は定率法。
・所得税……強制償却。償却限度額を計上しなければならない。
　　　　　　法定償却方法は定額法。

5 繰延資産

繰延資産とは、法人が支出する費用のうち、その効果が1年以上に及ぶものをいい、支出の効果が及ぶ期間を基礎として、残存価額ゼロの均等償却により償却する。

1 主な繰延資産

(1) 会社法上の繰延資産

① 創立費
② 開業費
③ 開発費
④ 株式交付費
⑤ 社債発行費

(2) 税法上の繰延資産

① 公共的施設等の負担金
② 資産を賃借するための権利金等
③ 役務提供の権利金等
④ 広告宣伝用資産の贈与費用
⑤ 自己が便益を受けるための費用等

2 償 却

支出の効果が及ぶ期間にわたり、残存価額はゼロとして均等償却により償却する。ただし、会社法上の繰延資産は一時償却も認められる。

6 役員給与

役員給与のうち、役員退職給与、使用人兼務役員給与、定期同額給与、事前確定届出給与、業績連動給与に該当するものは、原則として損金の額に算入できるが、不相当に高額な部分の金額は損金不算入となる。

1 役員の範囲

① 法人の取締役、執行役、会計参与、監査役、理事、監事および清算人
② 法人の使用人（職制上使用人としての地位のみを有する者に限る）以外の者で、その法人の経営に従事しているもの（会長、副会長、理事長、業務執行社員、相談役、顧問などを含む）
③ 同族会社の使用人のうち、その法人の経営に従事しているもので一定の者

2 損金の額に算入される役員給与

（1）定期同額給与

① 定期同額給与とは、その支給時期が毎週、毎月のように１月以下の一定の期間ごとである定期給与でその事業年度の各支給時期における支給額が同額であるものをいう。特に届出等は必要なく損金算入が認められる。
② 定期給与の額につき、改定がされた場合には、改定後の各支給時期における支給額が同額であれば損金算入が認められる。
③ 定期給与の改定が認められる場合は以下のケースに限られる。

(a) 通常改定
原則としてその事業年度開始の日から３カ月を経過する日までに改定されたもの

(b) 臨時改定
役員の職制上の地位の変更、職務の内容の重大な変更その他これらに類するやむを得ない事情によりされたその役員に係る改定

(c) 業績悪化改定
経営状況が著しく悪化したことその他これに類する理由によりされた改定（その定期給与の額を減額した改定に限られる）

第7章 法人税

■定期同額給与（３月決算の場合）

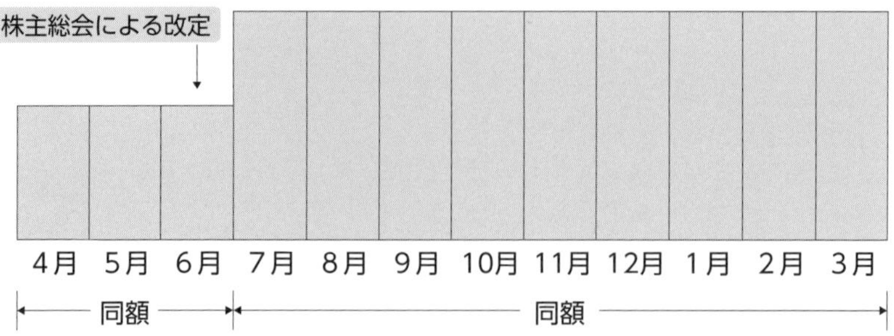

(2) 事前確定届出給与

① 事前確定届出給与とは、所定の時期に確定額を支給する旨の定めに基づいて支給する給与で、一定の届出期限までに納税地の所轄税務署長に届け出をしているものをいう。

届出期限は、原則として次の(a)または(b)のうちいずれか早い日である。

(a) 株主総会の決議日から１カ月を経過する日

(b) その会計期間開始の日から４カ月を経過する日

② 実際支給額が、あらかじめ届け出た支給額と異なる場合は、実際の支給額が増額支給・減額支給のどちらであっても、その支給額全額が損金不算入となる。

③ 非常勤役員に対し、年俸または期間俸として年に１回または２回支給するようなものは事前確定届出給与に該当し、原則として届け出が必要である。ただし、同族会社以外の法人は、届け出をしなくても損金算入が認められる。

■事前確定届出給与（３月決算の場合）

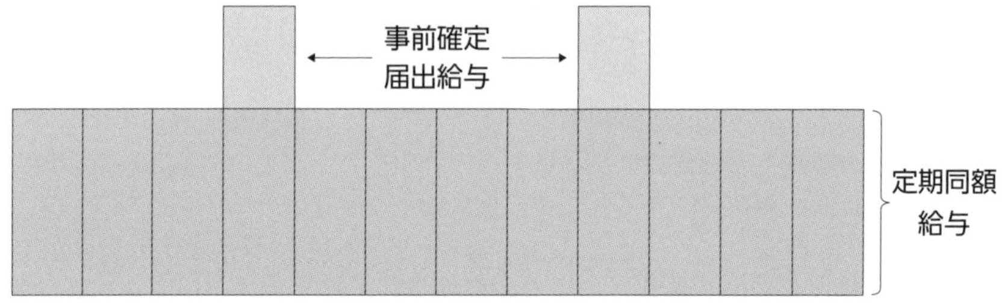

(3) 業績連動給与

非同族会社および非同族会社の100％子会社が業務を執行する役員に対して支給するもので、利益の状況を示す指標、株式の市場価格の状況を示す指標、売上高の状況を示す指標を基礎に算定される金銭または株式もしくは新株予約権をいう。

3 使用人兼務役員に対する賞与

① 使用人兼務役員の使用人としての職務に対する賞与は、他の使用人に対する賞与の支給時期と同時に支給した場合には、損金算入が認められる。

② 使用人兼務役員とは、役員のうち部長、課長、その他法人の使用人としての職制上の地位を有し、かつ、常時使用人としての職務に従事する者をいう。代表取締役、代表執行役、副社長、専務、常務などは使用人兼務役員とはなれない。

4 役員退職給与

① 退職給与とは、退職の事実により支払われる一切の給与をいう。役員に対して支給する退職給与は、不相当に高額な部分を除き損金の額に算入する。

② 役員退職給与の額が不相当に高額であるかどうかは、その役員の在籍年数、退職の事情などを考慮して判定することとされており、適正額の判定方法の代表的なものに功績倍率方式がある。この方法は、次の算式により計算した金額を役員退職給与の適正額とする方法で、この金額を超えた部分が不相当に高額な部分となる。

役員退職給与の適正額 ＝ 退職時の役員報酬月額 × 役員在任年数 × 功績倍率

POINT!

損金算入ができる役員給与

① 定期同額給与……届け出不要

② 事前確定届出給与……届け出必要

③ 業績連動給与……同族会社以外の法人に適用

7 交際費等

法人が支出する交際費等は、企業会計では費用に計上されるが、法人税法においては、一定金額を超える部分の金額は損金不算入となる。

1 交際費等の範囲

交際費等とは、交際費、接待費、機密費その他の費用で、法人が、その得意先、仕入先その他事業に関係のある者等に対する接待、供応、慰安、贈答その他これらに類する行為のために支出する費用をいう。

飲食費のうち、参加者1人あたり（その支出する金額を飲食等に参加した者の数で割って計算した金額）10,000円以下であるものは交際費等から除かれる。

（注）2024年3月31日までに支出したものについては、1人あたり5,000円以下である。

2 損金算入限度額

交際費等の額のうち、損金の額に算入できる金額は、次のとおりである。

区分	資本金の額等	損金算入限度額
大法人	100億円超	全額損金不算入
	100億円以下	接待飲食費の額×50%
中小法人	1億円以下	①接待飲食費の額×50% または ②800万円定額控除限度額 いずれか選択

（注）資本金が1億円以下でも、資本金が5億円以上の親法人の完全子法人の場合は、中小法人の規定は適用されず、接待飲食費の50%を損金算入する方しか選択できない。

■類似費用との区分　　　　　　　　（交際費になるもの…○、ならないもの…×）

<table>
<tr><th>費　目</th><th colspan="3">細　　　目</th><th>判　定</th></tr>
<tr><td rowspan="5">売上割戻し</td><td colspan="3">金銭の交付</td><td>×</td></tr>
<tr><td colspan="3">旅行、観劇等への招待</td><td>○</td></tr>
<tr><td rowspan="3">物品の交付</td><td colspan="2">事業用資産</td><td>×</td></tr>
<tr><td colspan="2">少額物品（単価3,000円以下）</td><td>×</td></tr>
<tr><td colspan="2">その他の物品</td><td>○</td></tr>
<tr><td rowspan="2">販売奨励金</td><td colspan="3">金銭、事業用資産の交付</td><td>×</td></tr>
<tr><td colspan="3">得意先の行う観劇等の招待費用の負担</td><td>○</td></tr>
<tr><td rowspan="3">広告宣伝費</td><td colspan="3">一般消費者を対象とするもの</td><td>×</td></tr>
<tr><td rowspan="2">得意先を対象とする物品の交付</td><td colspan="2">少額物品</td><td>×</td></tr>
<tr><td colspan="2">その他の物品</td><td>○</td></tr>
<tr><td rowspan="3">取引関係締結のための費用</td><td colspan="3">事業者への金銭、事業用資産の交付</td><td>×</td></tr>
<tr><td colspan="3">相手方の従業員への金銭等の交付</td><td>○</td></tr>
<tr><td colspan="3">料亭等で接待した費用</td><td>○</td></tr>
<tr><td rowspan="2">慶弔・禍福の費用</td><td colspan="3">当社従業員・元従業員またはその親族等</td><td>×</td></tr>
<tr><td colspan="3">取引先等の社外の者</td><td>○</td></tr>
<tr><td rowspan="3">記念式典等の費用</td><td colspan="3">当社従業員に一律に供与した飲食等の費用</td><td>×</td></tr>
<tr><td colspan="3">取引先等に係る宴会費、交通費、記念品等の費用</td><td>○</td></tr>
<tr><td colspan="3">式典の祭事のために通常要する費用</td><td>×</td></tr>
<tr><td rowspan="4">会議費</td><td colspan="3">来客との商談、打ち合わせ等に際しての費用</td><td>×</td></tr>
<tr><td rowspan="3">旅行等に招待し、あわせて会議を行った費用</td><td colspan="2">旅行、観劇等に招待した費用</td><td>○</td></tr>
<tr><td rowspan="2">会議費用</td><td>会議としての実態あり</td><td>×</td></tr>
<tr><td>会議としての実態なし</td><td>○</td></tr>
<tr><td>その他</td><td colspan="3">得意先の従業員に対する取引の謝礼</td><td>○</td></tr>
</table>

POINT!

資本金が1億円以下（資本金5億円以上の親法人の完全子法人を除く）の法人が支出する交際費等のうち、800万円以下の金額または接待飲食費の50％の金額は損金の額に算入できる。

8 寄附金

1 寄附金の損金算入

法人税では寄附金を3つに区分し、それぞれの取扱いを定めている。

区　分	内　　容	取　扱　い
国等に対する寄附金等	国、地方公共団体、財務大臣が指定した寄附金など	全額損金算入
特定公益増進法人に対する寄附金	日本学生支援機構、社会福祉法人への寄附金など	一般寄附金とは別枠で損金算入限度額が定められている
一般寄附金	上記以外の寄附金	限度額を超える部分は損金不算入

（注）役員の出身校に対する寄附金

国公立学校などに対する寄附金であっても、役員の出身校であるなど事業上の関係がないものであれば、役員に対する賞与とされる。

POINT!

法人が支出した寄附金の額は、国等、指定寄附金を除き一定の損金算入限度額を超える部分の金額は、損金不算入となる。

9 租税公課

1 損金の額に算入されない租税公課

・法人税および地方法人税
・住民税
・各種加算税および各種加算金、延滞税および延滞金ならびに過怠税
・罰金および科料ならびに過料
・法人税額から控除する所得税等

2 損金の額に算入される租税公課

・法人事業税
・固定資産税、都市計画税
・印紙税
・税額控除を選択しない所得税等

3 法人事業税の損金算入時期

法人事業税は申告等のあった日の属する事業年度において損金の額に算入する。事業税の確定申告期限は法人税と同様、各事業年度終了の日の翌日から２カ月以内である。

申告納税方式による税金は、申告書の提出により債務が確定するため、当期の所得に対する法人事業税は、その申告書を提出する事業年度つまり翌事業年度において損金の額に算入される。

したがって、法人事業税を未払法人税等に計上した事業年度においては損金の額に算入されず、その翌事業年度において損金の額に算入する（別表四で減算する）。

POINT!

法人税、住民税、法人税額から控除する所得税は損金不算入、法人事業税は申告書の提出をした事業年度において損金算入となる。

10 保険料

1 養老保険の保険料

養老保険は、満期保険金が支払われる保険のことをいう。

この養老保険の保険料は、保険金の受取人が誰であるかによって、次のように取扱いが異なる。

保険金受取人		取扱い
死亡保険金	満期保険金	
法人	法人	資産計上
従業員の遺族	法人	$\frac{1}{2}$ → 資産計上　$\frac{1}{2}$ → 損金算入（保険料） （役員など特定の人だけを被保険者とする場合は給与）
従業員の遺族	従業員	給与

2 定期保険の保険料

定期保険とは、満期保険金がない掛捨ての保険のことをいう。

保険金受取人を法人としている場合は保険料として費用になる。

保険金受取人を被保険者の遺族としている場合も保険料として費用になるが、役員など特定の者だけを被保険者としているものは、その役員などの給与とされる。

死亡保険金受取人	取扱い
法人	損金算入
被保険者の遺族	損金算入 （役員など特定の人だけを被保険者とする場合は給与）

【参考】2019年７月８日以後契約の定期保険

2019年７月８日以降に契約した定期保険の保険料は、最高解約返戻率に応じて、次のように取り扱われる。なお、最高解約返戻率とは、保険期間を通じて解約返戻率が最も高い割合となる期間におけるその割合をいう。解約返戻率は次により計算する。

$$\text{解約返戻率} = \frac{\text{解約返戻金相当額}}{\text{解約返戻金を受けるまでの間に支払うこととなる保険料の額の合計額}}$$

最高解約返戻率	損金算入割合	資産計上割合
50%以下	100%	−
50%超70%以下	60%	40%
70%超85%以下	40%	60%
85%超	最高解約返戻率を基礎とした一定の割合	

※　保険積立金等として資産に計上した金額は、保険期間の当初４割相当の期間を経過する日まで資産計上が行われる。保険積立金等として資産計上した金額は、その後一定期間（最高解約返戻率85％超のものを除き、保険期間の7.5割相当の期間経過後から保険期間の終了の日まで）にわたり、取り崩して損金に算入する。

11 貸倒損失

法人が有する金銭債権について、次のような事実が生じた場合には、貸倒損失として損金の額に算入される。

発生した事実	内　容	処　理
金銭債権が切り捨てられた（法律上の貸倒れ）	・会社更生法の更生計画の認可決定等 ・債務者へ書面による免除	損金経理の有無にかかわらず損金算入される
金銭債権の全額が回収不能となった	・債務者の資産状況、支払能力等からその全額が回収できないことが明らか	損金経理により損金算入が認められる（担保物がある場合には、その担保物を処分した後に限る）
一定期間取引停止後弁済がない	・債務者との取引の停止後（あるいは取引停止後に最後の弁済がある場合には最後の弁済時から）１年以上を経過した場合 ・同一地域の債務者に対する売掛債権の総額が取立費用より少なく、支払いを督促しても弁済がない場合	売掛債権（貸付金は含まれない）の額から備忘価額（１円）を控除した額を、損金経理により損金算入が認められる

12 貸倒引当金

法人が有する売掛金等の貸倒れによる損失の見込額として、損金経理により貸倒引当金に繰り入れた金額のうち、繰入限度額に達するまでの金額は、その事業年度の損金の額に算入される。なお、貸倒引当金の適用は中小法人、銀行、保険会社等に限定されている。

1 個別評価金銭債権

債務者について、更生計画認可の決定等の事由が生じたことその他一定の事由により、その一部につき回収の見込みがないと認められる金銭債権は、個別評価金銭債権として、一定の繰入限度額に達するまでの金額は損金の額に算入することができる。

2 一括評価金銭債権

売掛金、貸付金その他これらに準ずる金銭債権で、個別評価金銭債権を除いたものをいい、繰入限度額は次のように計算する。

（1）実績繰入率による場合

一括評価金銭債権の帳簿価額の合計額 × 実績繰入率※

※　実績繰入率は、過去３年間の貸倒れの実績率による。

（2）法定繰入率による場合

中小法人は実績繰入率に代えて法定繰入率を選択適用することができる。

（一括評価金銭債権の帳簿価額の合計額 － 実質的に債権とみられない金額※1）× 法定繰入率※2

※１　実質的に債権とみられない金額とは、同一の者に対する買掛金等をいう。
※２　法定繰入率は以下のとおりである。
卸売、小売業………1,000分の10
製造業………………1,000分の８
金融、保険業………1,000分の３
割賦販売小売業……1,000分の13
その他………………1,000分の６

POINT!

貸倒引当金の繰入れは、資本金が１億円以下の中小法人（ただし、親法人が資本金５億円以上の100％子会社は除く）だけに適用される。

13 圧縮記帳

国等からの補助金等により固定資産を取得したり、固定資産に受けた損害に対して受けた保険金等により新たに固定資産を取得した場合、その他一定の場合には、圧縮記帳により課税の繰延べを図ることができる。

1 概　要

固定資産の取得のために、国等から補助金等の交付を受けたり、固定資産に受けた損害に対して保険金等を受け取った場合には、その補助金や保険金等は益金の額に算入され、法人税の課税対象となる。しかし、補助金等に法人税が課税されると資金不足となり固定資産の取得が困難となりかねない。そこで、一定の圧縮損を計上することにより、一時に課税せずに課税の繰延べを図り、固定資産の取得に支障が生じないようにする制度である。

2 圧縮損の計上

一定の圧縮限度額に達するまでの金額は、圧縮損として損金の額に算入され、取得した固定資産の取得価額から控除する。益金に計上された補助金等は、圧縮損と相殺されることになるため、補助金等に一時に課税されるのを回避することができる。取得した固定資産は、圧縮された取得価額をもとに減価償却を行うため、減価償却費の額は本来の金額よりも少額となり、耐用年数の期間を通じて課税されることになる。

3 経理方法

① 損金経理により直接帳簿価額を減額する方法
② 損金経理により積立金として積み立てる方法
③ 剰余金の処分により積立金として積み立てる方法

（注）③については圧縮額は損金の額に算入されていないため、申告書別表四において減算調整する。

POINT!

補助金等、保険金等は益金算入。一方で、固定資産の取得価額を圧縮し、圧縮損を計上して課税の繰延べを図る。

14 欠損金

青色申告法人に欠損金が生じた場合には、翌年以降10年間繰り越し、または前事業年度に繰り戻すことができる。

1 欠損金の繰越控除

(1) 内容

各事業年度開始の日前10年以内に開始した事業年度で、青色申告書を提出した事業年度において生じた欠損金額は、その各事業年度の所得金額の計算上損金の額に算入される。この規定は欠損金額が生じた事業年度において青色申告書である確定申告書を提出し、かつ、その後の各事業年度について連続して確定申告書を提出している場合に限り適用される。欠損金額が生じた事業年度において青色申告書である確定申告書を提出していれば、その後の事業年度について提出した確定申告書が白色申告書であっても適用がある。

（注）欠損金額が生じた事業年度において白色申告書を提出している場合は、災害により生じた欠損金のみ、繰越控除が認められる。

(2) 控除限度額

中小法人等は欠損金の控除額に制限はなく、所得の金額の100％が控除されるが、中小法人等以外の法人は、以下のように控除限度額が設けられている。

$$\text{控除限度額} = \text{所得金額} \times \frac{50}{100}$$

2 欠損金の繰戻し還付

中小企業者等は、青色申告書を提出する事業年度に生じた欠損金額については、その前事業年度に繰り戻して法人税額の還付を受けることができる。

還付金の計算は次の計算式による。

$$\text{還付所得事業年度の法人税額} \times \frac{\text{欠損事業年度の欠損金額}}{\text{還付所得事業年度の所得金額}} = \text{還付請求できる金額}$$

第7章 法人税

■繰戻し還付制度の仕組み

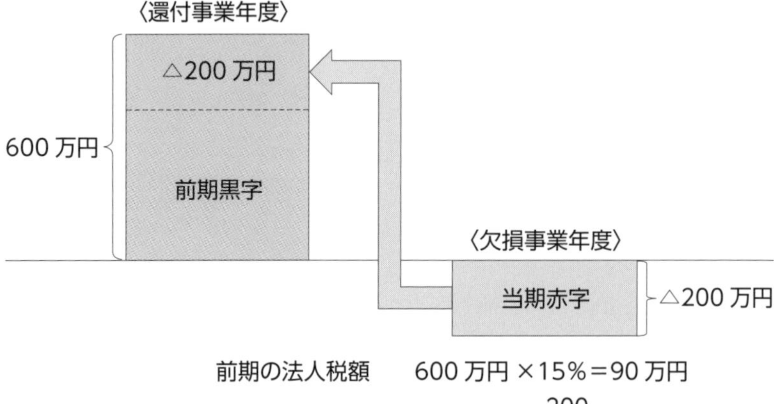

POINT!

・青色欠損金は10年間繰り越すことができる。欠損金が生じた事業年度が青色申告であれば、控除する事業年度は白色申告でもよい。
・欠損金の繰戻し還付は中小企業者等に限って適用を受けることができる。

15 オープンイノベーション促進税制

ベンチャー企業と連携してオープンイノベーションを促進する取組みを支援するという観点から、ベンチャー企業に対し一定額以上の出資をした場合には、その出資額の25%の金額を損金の額に算入することができる。

1 概　要

青色申告法人で特定事業活動を行うものが、2022年４月１日から2026年３月31日までの間に特定株式（ベンチャー企業の株式）を取得し、かつ、その取得した日を含む事業年度末まで有している場合において、その特定株式の取得価額の25%以下の金額を特別勘定として経理したときは、その事業年度の所得の金額を上限に、その経理した金額を損金の額に算入することができる。

2 出資を行う企業の要件

① 青色申告法人であること
② 特定事業活動を行うものであること
　特定事業活動を行うものとは、自社の経営資源以外の経営資源を活用して高い生産性が見込まれる事業を行うことまたは新たな事業の開拓を行う法人をいう。

3 出資の要件

５年以上の株式の継続保有を予定している現金の払込みで、次の要件を満たす出資が要件となる。

① １件当たり１億円以上の出資
② 中小企業が出資する場合は1,000万円以上
③ 外国法人への出資は５億円以上

4 出資を受けるベンチャー企業の要件

① 新規性・成長性のある設立後10年未満の未上場のベンチャー企業
　※ 新規設立企業は対象外
　※ 売上高に占める研究開発費の割合が10%以上の赤字会社は設立後15年未満
② 出資要件を満たすことなどにつき、経済産業大臣の証明がされたもの

5 特別勘定の取崩し

特定株式の取得から３年以内に以下の事由に該当することとなった場合には、特別勘定の金額を取り崩し、益金の額に算入する。

① 経済産業大臣の証明が取り消された場合
② 特定株式の全部または一部を有しなくなった場合
③ 出資した法人または出資を受けたベンチャー企業が解散した場合
④ 特別勘定の金額を任意に取り崩した場合

16 同族会社の判定

一般に同族会社と呼ばれるような会社では、株主と経営者が同一であり、会社の取引と個人的な取引とを混同してしまう傾向があるため、税務上問題が生じることがある。そこで、法人税法上の同族会社については、特別な規定が設けられている。

1 同族会社の意義

同族会社とは、株主等（その特殊関係者を含む）の３人以下が有する株式の総数または出資金額の合計額が、発行済株式総数または出資金額の50％超の会社をいう。

（注）特殊関係者とは、次の者をいう。

・株主等の親族

・同族会社の判定対象となる個人または会社に、株式を50％超所有されている他の会社

■同族会社の判定

A社の株主とその保有割合は次のとおりであるとする。

上位３位までの株主グループに50％超保有されていれば同族会社となる。

甲	20%	25%
甲の妻	5％	
乙	15%	20%
乙の長男	5％	
丙	10%	15%
丙㈱（丙が60％の株式を所有する会社）	5％	
その他の少数株主	40%	
合　計	100%	

甲グループは25％所有、乙グループは20％所有、丙グループは15％所有している。

甲グループ（25％）＋乙グループ（20％）＋丙グループ（15％）＝60％＞50％

上位３位までの株主グループに株を50％超保有されているため、A社は同族会社に該当する。

2 特別な規定

（1）留保金課税

同族会社においては、株主と経営者が同一である場合が多く、経営者は、株主として配当金を受け取ると所得税や住民税が課税されてしまうため、特に配当することなく、会社に利益を留保しておくことがある。会社に一定金額以上の留保金額が生じたときには、通常の法人税とは別に法人税の留保金課税が行われる。

なお、資本金が１億円以下の法人は、留保金課税は適用除外とされている。

(2) みなし役員

同族会社の使用人で会社の経営に従事している者のうち、持ち株割合が多い者は、会社法上の役員でなくても法人税法上は役員とみなされる。

みなし役員とされた者に給与を支給した場合には、その給与が定期同額給与、事前確定届出給与に該当しない場合には、その給与は損金の額に算入されない。

(3) 行為計算の否認

同族会社の行為または計算で、これを容認すると法人税の負担を不当に減少させる結果になると認められるものがあるときは、その行為または計算にかかわらず、税務署長の認めるところによって、その同族会社の課税標準、欠損金額または法人税額を計算することができる。

17 税額計算

1 法人税

法人税の税率は原則として23.2%である。ただし、期末資本金額が1億円以下の中小法人は、所得が年800万円以下の部分は15%に軽減される。税額計算は、法人税の申告書、別表一において行う。

■税率

原　則		23.2%
中小法人	所得が年800万円以下の部分	15%
	所得が年800万円を超える部分	23.2%

■計算例

期末資本金が1億円の法人の課税所得金額が2,000万円の場合

① 800万円×15%＝120万円

② (2,000万円－800万円)×23.2%＝278万4千円

③ 法人税額＝①＋②＝398万4千円

法人税額が計算されると、次に税額控除を行い、中間申告法人税の額を控除して納付すべき法人税額を求める。

2 地方法人税

地方法人税は、地域間の税源の偏在性を是正し、財政力格差の縮小を図ることを目的としたものである。法人税の納税義務のある法人は、地方法人税もあわせて納付しなければならない。

■税額計算

各事業年度の法人税額×10.3%

POINT!

中小法人は軽減税率が適用され、所得が800万円以下の部分は15%、所得が800万円超の部分は原則の23.2%の税率が適用される。

18 税額控除等

1 所得税額控除

法人が支払いを受ける利子等、配当等などについては、個人と同様に所得税が源泉徴収される。この所得税は法人税の前払いとされ、法人税の額から控除することができる。なお、この税額控除を受けた所得税額は、各事業年度の所得の金額の計算上、損金の額に算入されない。

2 中小企業経営強化税制

(1) 概　要

青色申告書を提出する中小企業者等で、中小企業等経営強化法に定める経営力向上に関する計画が適当である旨の認定を受けたものが、2025年３月31日までの間に一定の要件を満たす生産等設備（特定経営力向上設備等）を取得等して指定事業の用に供した場合には、その特定経営力向上設備等については、特別償却または税額控除を受けることができる。

(2) 対象設備と要件

この制度は４つの類型があり、対象となる生産等設備および要件は次のとおりである。

<table>
<tr><th>類型</th><th>要件</th><th>対象設備および取得価額</th><th>その他</th><th>確認者</th></tr>
<tr><td>生産性向上設備
(A類型)</td><td>生産性が旧モデル比で年平均１％以上向上する設備の取得</td><td rowspan="4">機械装置　(160万円以上)
工具　(　30万円以上)
器具備品　(　30万円以上)
※A類型は測定または検査工具のみ
建物附属設備　(　60万円以上)
ソフトウェア　(　70万円以上)</td><td rowspan="4">新品の設備の国内投資であること</td><td>工業会等</td></tr>
<tr><td>収益力強化設備
(B類型)</td><td>投資収益率が年平均５％以上の投資計画書に係る設備の取得</td><td rowspan="3">経済産業局</td></tr>
<tr><td>デジタル化設備
(C類型)</td><td>遠隔操作、可視化、自動制御化のいずれかに該当する設備の取得</td></tr>
<tr><td>経営資源集約化設備
(D類型)</td><td>修正ROAまたは有形固定資産回転率が一定割合以上の投資計画書に係る設備の取得</td></tr>
</table>

(3) 特別償却（即時償却）

償却限度額は次のとおりである。対象設備を事業の用に供した事業年度において、その取得価額の全額を損金の額に算入することができる。

償却限度額＝普通償却限度額＋特別償却限度額※

※　特別償却限度額＝(取得価額－普通償却限度額)

(4) 税額控除

上記 (3) の即時償却に替えて、税額控除を選択することもできる。

税額控除限度額＝取得価額×７％(資本金が3,000万円以下の法人は10％)

(注１) 税額控除額はその事業年度の法人税額の20％を限度とする。
(注２) 控除しきれなかった場合には、１年間の繰越しが認められる。

3 中小企業等投資促進税制

青色申告書を提出する中小企業者等（資本金１億円以下で一定の法人）が、2025年３月31日までの間に機械装置などを取得し、指定事業（製造業、建設業など）の用に供した場合には、その事業の用に供した事業年度において、特別償却または税額控除の選択適用が認められる。

(1) 対象資産（中古品は対象外）

・機械装置…………取得価額が160万円以上のもの
・工具………………取得価額が120万円以上のもの
・ソフトウェア……取得価額が70万円以上のもの

(2) 特別償却を選択した場合

償却限度額 ＝ 取得価額 × 30％

(3) 税額控除を選択した場合

税額控除限度額 ＝ 取得価額 × ７％

(注１) 法人税額の20％を限度とする。
(注２) 控除しきれなかった場合には、１年間の繰越しが認められる。
(注３) 税額控除は、資本金等の額が3,000万円以下の法人にのみ適用がある。

第7章 法人税

4 試験研究を行った場合の税額控除

青色申告法人が支出した試験研究費で、一定の要件を満たしたものは、法人税額の税額控除の適用を受けることができる。

(1) 試験研究費の総額に係る税額控除

青色申告法人のその事業年度において損金の額に算入される試験研究費の額がある場合には、次の計算式により計算した金額をその事業年度の法人税額から控除することができる。

税額控除額 ＝ 試験研究費の額 × 試験研究費の増減割合に応じた控除率

(注) 税額控除額はその事業年度の法人税額の25%を限度とする。ただし、研究開発を行う一定のベンチャー企業は、法人税額の40%を限度とする。

① 増減割合と控除率

試験研究費の増減割合により控除率の計算が次のように異なる。

■試験研究費の増減割合と控除率の区分

試験研究費の増減割合	控除率
12%超	11.5%＋(増減割合－12%)×0.375 (上限10%)
12%以下	11.5%－(12%－増減割合)×0.25
0未満	8.5%＋増減割合×8.5 ／ 30

(注1) 控除率は、10%を上限とする。ただし、2026年3月31日までの間に開始する事業年度においては14%とする。

(注2) 増減割合(%) ＝ $\frac{\text{試験研究費の額}-\text{比較試験研究費の額}}{\text{比較試験研究費の額}} \times 100$

(注3) 比較試験研究費とは、過去3年間の試験研究費の平均額をいう。

(注4) 試験研究費の増加割合が0未満の場合には、段階的に控除率が引き下げられる。なお、控除率はマイナスになることはない。

事業年度	控除率
2026年4月1日～2029年3月31日	8.5%＋増減割合×8.5 ／ 30
2029年4月1日～2031年3月31日	8.5%＋増減割合×8.5 ／ 27.5
2031年4月1日～	8.5%＋増減割合×8.5 ／ 25

(2) 試験研究費の額が平均売上金額の10%を超える場合の上乗せ

上記(1)の試験研究費の総額に係る税額控除については、2026年3月31日までの間に開始する事業年度において、損金の額に算入される試験研究費の額が、平均売上金額の10%相当額を超える場合には、控除税額および控除率に上乗せの措置がある。

① 税額控除額の上乗せ

次の計算式により計算した金額を(1)の税額控除上限額(法人税額の25%または40%)に加算する。

税額控除額＝法人税額×(試験研究費割合－10%)×2

(注1) 平均売上金額とは、当期を含む過去4年間の売上金額の平均額をいう。

(注2) 試験研究費割合とは、試験研究費の額の平均売上金額に対する割合をいう。

(注3) 算式の 〰〰 の部分は10%を上限とする。

② 控除率の上乗せ

上記（1）により算出した控除率に、控除割増率を加算した率により計算する。

控除率＝(1)の控除率＋(1)の控除率×{(試験研究費割合－10%)×0.5}

（注1）控除割増率とは、計算式の 〰〰 の部分をいう。

（注2）控除割増率は、10%を限度とする。

(3) 加減算特例

上記（1）の試験研究費の総額に係る税額控除については、試験研究費の増減割合に応じて次のような特例がある。上記（2）試験研究費の額が平均売上金額の10%を超える場合の上乗せの①と、下記の①加算特例は併用が認められないため、控除額の上限が大きくなる方の特例を適用する。

① 加算特例（増減試験研究費割合が４％を超える場合）

税額控除額＝法人税額×(増減試験研究費割合－４％)×0.625%

② 減算特例（増減試験研究費割合がマイナス４％を下回る場合）

税額控除額＝法人税額×(マイナスの増減試験研究費割合－４％)×0.625%

(4) 中小企業技術基盤強化税制

中小企業者等である青色申告法人のその事業年度において損金の額に算入される試験研究費の額がある場合に、上記（1）との選択適用で、次の計算式により計算した金額をその事業年度の法人税額から控除することができる。

税額控除額 ＝ 試験研究費の額 × 12%

（注）税額控除額はその事業年度の法人税額の25%を限度とする。

2026年３月31日までの間に開始する事業年度においては、試験研究費の増減割合が12%を超える場合には次の上乗せ措置がある。

① 試験研究費の増減割合が12%以下の場合

試験研究費の増減割合が12%以下の場合には、試験研究費の額に12%の控除率を乗じて計算した金額を法人税額から控除する。

税額控除額 ＝ 試験研究費の額×12%

（注）税額控除額は当期の法人税額の25%を限度とする。

② 試験研究費の増減割合が12%を超える場合

試験研究費の増減割合が12%を超える場合には、控除率の上乗せ措置がある。

控除率＝12%＋(試験研究費の増減割合－12%)×0.375

（注）控除率は17%を限度とする。

③　試験研究費割合が10%を超える場合

試験研究費割合が10%を超える場合には、試験研究費の増減割合が12%以下か12%超かの区分に応じて上記①または②により算出した割合にそれぞれ以下の上乗せ措置がある。

イ　試験研究費の増減割合が12%以下の場合

控除率＝12%＋12%×｛(試験研究費割合－10%)×0.5｝

（注）控除率は13.2%を限度とする。

この場合において、税額控除額は、法人税額×｛25%＋(試験研究費割合－10%)×２｝(ただし、法人税の35%を限度とする）を限度とする。

ロ　試験研究費の増減割合が12%超の場合

控除率＝(2)の控除率＋(2)の控除率×｛(試験研究費割合－10%)×0.5｝

（注）控除率は17%を限度とする。

この場合において、税額控除額は法人税額の35%を限度とする。

(5) 特別試験研究費に係る税額控除

青色申告法人のその事業年度において損金の額に算入される試験研究費の額のうちに特別試験研究費の額がある場合には、次の計算式により計算した金額をその事業年度の法人税額から控除することができる。

税額控除額 ＝ 特別試験研究費の額 × 控除率（20%、25%または30%）

（注１）税額控除額は上記 **(1)** 試験研究費の総額に係る税額控除および **(3)** 中小企業技術基盤強化税制とは別枠で、その事業年度の法人税額の10%を限度とする。

（注２）特別試験研究費とは、国と大学が共同で行う試験研究費などをいう。

（注３）控除率は次のとおりである。

研究開発を行う機関等	控除率
国、大学等	30%
特別新規事業開拓事業者等	25%
その他民間企業等	20%

(6) 適用除外

一定の大企業（所得が前期の所得以下である場合を除く）が、2027年３月31日までの間に開始する事業年度において、次の①②のいずれにも該当しない場合には、試験研究を行った場合の税額控除、第５世代移動通信システム投資促進税制、デジタルトランスフォーメーション投資促進税制（**7**）およびカーボンニュートラル投資促進税制（**8**）の適用は受けられない。

①　継続雇用者給与等支給額が継続雇用者比較給与等支給額を超えること。

ただし、㋑資本金の額等が10億円以上で、かつ、常時使用する従業員数が1,000人以上である場合および前事業年度の所得の金額がゼロを超える場合のいずれにも該当する場合または、㋺常時使用する従業員数が2,000人超、かつ前事業年度の所得金額がゼロを超える場合は、継続雇用者給与等支給額の増加に係る要件は以下のようになる。

■継続雇用者給与等支給額の増加割合

事業年度	増加割合
2023年4月1日～2024年3月31日	0.5%以上
2024年4月1日～2027年3月31日	1.0%以上

② 国内の設備投資額が減価償却費の額の40%を超えること。

5 賃上げ促進税制

青色申告書を提出する法人が、2024年4月1日から2027年3月31日までの間に開始する各事業年度（設立事業年度は除く）において、国内雇用者に対して給与等を支給する場合において、一定の要件を満たすときは、給与等支給増加額に一定割合を乗じて計算した金額を、法人税額から控除することができる。また、中小企業者等については最長5年間の繰越税額控除制度が新設されている。

(1) 大企業（最大控除率35%）

	適用要件	控除率
原則	給与等支給増加割合[※1]が3%以上	10%
上乗せ措置	給与等支給増加割合[※1]が4%以上	5%加算
	給与等支給増加割合[※1]が5%以上	10%加算
	給与等支給増加割合[※1]が7%以上	15%加算
	プラチナくるみん認定またはプラチナえるぼし認定	5%加算
	教育訓練費増加割合[※2]10%以上かつ教育訓練費が雇用者給与等支給額の0.05%以上	5%加算

※1 給与等支給増加割合

$$\frac{継続雇用者給与等支給額 + 継続雇用者比較給与等支給額}{継続雇用者比較給与等支給額}$$

※2 教育訓練費増加割合

$$\frac{教育訓練費の額 + 比較教育訓練費の額}{比較教育訓練費の額}$$

※3 税額控除額は、「給与等支給増加額×控除率」により計算し、いずれの場合も法人税額の20%を控除限度額とする。

第7章 法人税

■用語の意義

継続雇用者給与等支給額：当期および前期の全期間に給与等の支給がある継続雇用者に対し、当期に支給した給与等の額
継続雇用者比較給与等支給額：継続雇用者に対し、前期に支給した給与等の額
プラチナくるみん認定：次世代育成支援対策推進法に基づき、一定の基準を満たした企業は申請を行うことによって「子育てサポート企業」として、厚生労働大臣の認定（くるみん認定）を受けることができ、そのうち、高い水準の取組を行っている企業にプラチナくるみん認定を行っている。
プラチナえるぼし認定：女性活躍推進法に基づき、一定の基準を満たした企業は申請を行うことによって「女性活躍推進企業」として、厚生労働大臣の認定（えるぼし認定）を受けることができ、そのうち、高い水準の取組を行っている企業にプラチナえるぼし認定を行っている。
教育訓練費の額：国内雇用者の職務に必要な技術または知識を習得させる研修、講習などの費用の額
比較教育訓練費の額：前期の教育訓練費の額

資本金の額等が10億円以上であり、かつ、常時使用する従業員の数が1,000人以上である場合および常時使用する従業員の数が2,000人超である場合は、給与等の支給額の引上げの方針、取引先との適切な関係の構築の方針その他の事項をインターネットより公表し、その公表内容を経済産業大臣に届け出をした場合に限り、適用を受けることができる。

(2) 中堅企業（最大控除率35%）

	適用要件	控除率
原則	給与等支給増加割合が３%以上	10%
上乗せ措置	給与等支給増加割合が４%以上	15%加算
	プラチナくるみん認定、プラチナえるぼし認定またはえるぼし認定（３段階目）	５%加算
	教育訓練費増加割合10%以上かつ教育訓練費が雇用者給与等支給額の0.05%以上	５%加算

税額控除額は、「給与等支給増加額×控除率」により計算し、いずれの場合も法人税額の20%を控除限度額とする。

■用語の意義

中堅企業：大企業のうち、青色申告書を提出する法人で常時使用する従業員の数が2,000人以下であるもの（その法人及びその法人との間にその法人による支配関係がある法人の常時使用する従業員の数の合計数が１万人を超えるものを除く）をいう。

資本金の額等が10億円以上であり、かつ、常時使用する従業員の数が1,000人以上である場合には、給与等の支給額の引上げの方針、取引先との適切な関係の構築の方針その他の事項をインターネットを利用する方法により公表したことを経済産業大臣に届け出ている場合に限り、適用を受けることができる。

(3) 中小企業者等（最大控除率45%）

	適用要件	控除率
原則	給与等支給増加割合が1.5%以上	15%
上乗せ措置	給与等支給増加割合が2.5%以上	15%加算
	プラチナくるみん認定、くるみん認定、プラチナえるぼし認定またはえるぼし認定（２段階目以上）	５%加算
	教育訓練費増加割合５%以上かつ教育訓練費が雇用者給与等支給額の0.05%以上	10%加算

税額控除額は、「給与等支給増加額×控除率」により計算し、いずれの場合も法人税額の20%を控除限度額とする。

なお、控除限度額超過額は最長５年間の繰越控除（繰越税額控除制度）が認められる。ただし、繰越税額控除をする事業年度において雇用者給与等支給額が比較雇用者給与等支給額を超える場合に限り適用することができる。

税額控除額は、「給与等支給増加額×控除率」により計算し、いずれの場合も法人税額の20%を控除限度額とする。

■用語の意義

雇用者給与等支給額：国内雇用者に対し、当期に支給した給与等の額をいう
比較雇用者給与等支給額：国内雇用者に対し、前期に支給した給与等の額をいう

6 地方創生応援税制（企業版ふるさと納税）

青色申告法人は、2025年３月31日までの間に、地方再生法の地方創生推進寄附活用事業に関連する寄附金（１回あたり10万円以上のものに限る）を支出した場合には、法人事業税、法人住民税および法人税の額から次の金額を控除することができる。

法人事業税からの控除額	寄附金の合計額×20% （法人事業税額の20%を限度）
法人住民税からの控除額	寄附金の合計額×40% （法人住民税額の20%を限度）
法人税からの控除額	①と②のうちいずれか少ない金額（法人税額の５%を限度） ①　寄附金の合計額×40%－住民税から控除した金額 ②　寄附金の額×10%

7 デジタルトランスフォーメーション投資促進税制

（1）概要

青色申告法人で、産業競争力強化法の事業適応計画の認定を受けた事業者が、2025年３月31日までの間に、その計画に従って実施される事業（デジタル技術を活用して生産性向上など事業の変革に取り組む事業）の用に供するために対象となる設備を新設または増設等をした場合には、その取得価額につき特別償却または税額控除の選択適用が認められる。

（2）対象となる設備

対象設備	内容
ソフトウェア	新設または増設に係る費用
繰延資産	クラウドシステムに移行するための初期費用
器具備品	ソフトウェア、繰延資産と連携して使用するものに限る
機械装置	

（3）特別償却

償却限度額＝取得価額×30%

（4）税額控除

税額控除限度額＝取得価額×３%※

※　親子関係にない他法人とデータ連携・共有をする場合は５%

ただし、控除税額は、カーボンニュートラル投資促進税制の税額控除制度による控除税額との合計で当期の法人税額の20%を限度とする。

(5) 投資額の要件

下限	売上高の0.1%以上
上限	300億円

8 カーボンニュートラル投資促進税制

(1) 概要

青色申告法人で2026年３月31日までに産業競争力強化法の中長期環境適応計画の認定を受けた事業者が、その認定を受けた日から３年以内に対象となる設備等の取得等をして、国内にある事業の用に供した場合には、その取得価額につき特別償却または税額控除の選択適用が認められる。

(2) 対象となる設備と税額控除等

生産工程効率化等設備（生産工程等の脱炭素化と付加価値向上を両立する設備）の導入をした場合には、次の特別償却または税額控除を適用することができる。

対象設備※1	適用措置	大企業		中小企業	
機械装置 器具備品 建物附属設備 構築物 車両運搬具※2	税額控除	３年以内の炭素生産性向上率		３年以内の炭素生産性向上率	
		15%以上	20%以上	10%以上	17%以上
		取得価額×５％	取得価額×10%	取得価額×10%	取得価額×14%
	特別償却	取得価額×50%			

※１　市場に流通している照明設備および対人空調設備を除く。

※２　一定の鉄道車両に限られる。

※３　税額控除における控除税額は、デジタルトランスフォーメーション投資促進税制の税額控除制度による控除税額との合計で当期の法人税額の20％を限度とする。

(3) 投資額の要件

投資額は500億円を限度とする。

第7章 法人税

19 確定申告と納付

1 確定申告

確定申告書の提出期限は、各事業年度終了の日の翌日から２カ月以内である。

ただし、会計監査人の監査を受けなければならない等の理由により、期限内に申告書を提出することができない場合には、その法人の申請に基づき提出期限を最大で４カ月間延長することができる。その場合、延長期間に応じた利子税が課される。

2 中間申告

(1) 前期の実績による場合（予定申告）

法人の事業年度が６カ月を超える場合には、その事業年度開始の日から６カ月を経過した日から２カ月以内に中間申告書を提出しなければならない。

$$\text{納付税額} = \text{前事業年度の法人税額} \times \frac{6}{\text{前事業年度の月数}}$$

ただし、納付税額が10万円以下である場合には、中間申告を必要としない。

(2) 仮決算による場合

中間申告書を提出すべき法人が、その事業年度開始の日以後６カ月を１事業年度としてその期間の課税所得金額を計算した場合には、その計算に基づく中間申告書の提出が認められる。

ただし次の場合には仮決算による中間申告書を提出することができない。

① 仮決算により計算した中間納税額が、前期実績により計算した予定申告税額を超える場合

② 前期実績による予定申告税額が10万円以下の場合

3 納　付

中間申告書または確定申告書の提出期限までに、その申告書に記載された法人税額を納付しなければならない。

4 青色申告

(1) 青色申告承認申請書

青色申告の承認を受けようとする法人は、承認を受けようとする事業年度開始の日の前日までに、青色申告承認申請書を納税地の所轄税務署長に提出しなければならな

い。ただし、新規設立法人の場合は、設立の日以後３カ月を経過した日と設立第１期の事業年度終了の日とのうちいずれか早い日の前日が提出期限となる。

(2) 青色申告の承認または却下

税務署長は、上記（1）の申請書の提出があった場合には、その申請をした法人に対し、書面により承認または却下をする旨の通知をする。ただし、申請書を提出した事業年度終了の日までに通知がない場合には、承認があったものとみなす。

(3) 青色申告の義務と特典

青色申告法人は、帳簿書類を備え付けてこれにその取引を記録し、かつ、その帳簿書類を保存（原則として７年間）しなければならないが、その一方で以下のような特典が認められている。

① 欠損金の繰越控除
② 欠損金の繰戻還付（中小企業者等に限る）
③ 少額減価償却資産（取得価額30万円未満）の即時償却
④ 各種特別償却および税額控除

チェックテスト

(1) 減価償却方法を届け出なかった法人は、原則として定率法により償却する。

(2) 建物附属設備および構築物は定額法によって減価償却費を計算する。

(3) 役員給与のうち定期同額給与は、届け出をすることにより損金算入が認められる。

(4) 事前確定届出給与は、届け出た金額よりも多く支給した場合は損金不算入であるが、少なく支給した場合は損金算入が認められる。

(5) 資本金が1億円超の法人が支出した交際費の額の合計額のうち、50%は損金の額に算入される。

(6) 法人が支出した指定寄附金は、一定の損金算入限度額を超える部分の金額は損金不算入となる。

(7) 会社更生法の更生計画認可の決定により切り捨てられた金銭債権は、法人の損金経理を要件に、損金算入が認められる。

(8) 貸倒引当金は、原則として実績率によるが、中小法人は法定繰入率を選択できる。

(9) 欠損金が生じた事業年度において、白色申告の法人は、災害により生じた欠損金のみが繰越控除の対象となる。

(10) 法人税の税率は、原則として23%の比例税率である。

解答

(1) ○　(2) ○　(3) ×　(4) ×　(5) ×
(6) ×　(7) ×　(8) ○　(9) ○　(10) ×

第8章
会社と役員間および会社間取引の税務

過去の出題状況	2022.5	2022.9	2023.1	2023.5	2023.9	2024.1
会社役員間の取引				☆	☆	☆
グループ会社間取引						☆

1. 会社と役員との間の取引と税務

会社と役員との間で金銭の貸借や資産の売買が行われた場合、金利や売買価額が適正であるかどうかが税務上問題となる。会社と役員間の取引において役員が経済的利益を受けた場合には、その役員に対する給与として課税される。

2. グループ会社間取引

グループ会社間で行われる資産の売買や賃貸は、適正な時価によらなければならないが、時価よりも低い価額または高い価額によって取引が行われた場合は、時価で取引があったものとされる。完全支配関係がある法人間の取引では、グループ法人税制が導入され、特殊な規定が設けられている。

1 会社役員間の取引

1 役員退職給与の現物支給

役員退職給与は、不相当に高額な部分を除き損金算入となっている。役員退職給与を現金ではなく不動産や株式で現物支給した場合には、役員側ではその資産の適正な時価が退職給与の収入金額となり、法人では適正な時価と帳簿価額との差額が譲渡損益となる。

法　人	適正な時価が役員退職給与の額とされ、損金算入となる。 時価と帳簿価額との差額は譲渡損益となる。
役　員	適正な時価が退職所得の収入金額となり、所得税・住民税が課税される。

2 資産の売買

(1) 法人が所有する資産を役員に譲渡した場合

① 低額譲渡

低額譲渡	譲渡側	法　人	適正な時価で譲渡したものとされ、時価と譲渡価額との差額は役員給与（損金不算入）となる。
	譲受側	役　員	時価と譲渡価額との差額は、給与として、所得税・住民税の課税対象となる。

■設例

法人所有の時価1,000万円の土地（帳簿価額300万円）を役員に400万円で譲渡した場合

【法人】時価の1,000万円で譲渡したものとされ、時価と譲渡価額との差額600万円は、損金不算入の役員給与（賞与）とされる。

現金預金	400万円	／	土地	300万円
役員給与	600万円	／	譲渡益	700万円

（注）譲渡益は、時価と帳簿価額の差額である。

【役員】600万円は給与を受けたものとして、所得税・住民税の課税対象となる。

② 高額譲渡

高額譲渡	譲渡側	法　人	適正な時価で譲渡したものとされ、時価と譲渡価額との差額は受贈益となる。
	譲受側	役　員	適正な時価で取得したものとされる。時価と譲受価額との差額は法人への寄附（贈与）とみなす。

■設例

法人所有の時価1,000万円の土地（帳簿価額300万円）を役員に1,500万円で譲渡した場合

【法人】時価の1,000万円で譲渡したものとされ、時価と譲渡価額との差額500万円は、役員から贈与を受けたものとされ、受贈益として法人税が課税される。

現金預金	1,500万円	土地	300万円
		譲渡益	700万円
		受贈益	500万円

【役員】時価と譲渡価額との差額500万円は、法人に対する贈与とされる。税務上は特別な取扱いはない。

(2) 役員が所有する資産を法人に譲渡した場合

① 低額譲渡

低額譲渡	譲受側	法　人	適正な時価で取得したものとされ、時価と譲受価額との差額は受贈益となる。
	譲渡側	役　員	譲渡価額が時価の２分の１以上である場合は、譲渡価額で譲渡したものとされる。 譲渡価額が時価の２分の１未満である場合は、時価で譲渡したものとみなされる（みなし譲渡）。

■設例

役員所有の時価1,000万円の土地（取得費300万円）を法人に400万円で譲渡した場合

【法人】時価の1,000万円で取得したものとし、時価と譲受価額との差額600万円は、受贈益として法人税が課税される。

土地	1,000万円	現金預金	400万円
		受贈益	600万円

【役員】法人に対する時価の２分の１未満の価額による譲渡のため、時価で譲渡したものとみなされる。

(注) 時価の２分の１以上の価額で譲渡した場合は、時価より低い価額による譲渡であっても譲渡対価がそのまま譲渡収入となる。

② 高額譲渡

高額譲渡	譲受側	法　人	適正な時価で取得したものとされ、時価と譲受対価との差額は役員給与（損金不算入）となる。
	譲渡側	役　員	適正な時価で譲渡したものとされ、時価と譲渡価額との差額は、給与として所得税・住民税の課税対象となる。

■設例

役員所有の時価1,000万円の土地（取得費300万円）を法人に1,500万円で譲渡した場合

【法人】時価の1,000万円で取得したものとされ、時価と譲受対価との差額500万円は、損金不算入の役員給与（賞与）とされる。

土地	1,000万円	/	現金預金	1,500万円
役員給与	500万円	/		

【役員】時価の1,000万円で譲渡したものとされ、譲渡益は時価と取得費との差額700万円となる。時価1,000万円と譲渡対価1,500万円との差額は、給与の支給を受けたものとして所得税・住民税の課税対象となる。

3 資産の賃貸借

（1）法人が所有する土地を役員に貸し付けた場合

① 権利金の授受がない場合

貸主側	法　人	権利金を受け取ったものとされ借地権の認定課税が行われる。
借主側	役　員	権利金相当額が、役員給与として所得税・住民税の課税対象となる。

【法人】土地を賃貸する場合に、通常、権利金を収受する慣行があるにもかかわらず権利金を収受しないときは、権利金の認定課税が行われる。法人は、権利金相当額をいったん受け取ったとしたうえで、これを役員に贈与したものとする。

【役員】権利金相当額の経済的利益を受けたものとされ、役員給与（賞与）として所得税・住民税が課税される。

② 相当の地代を支払う場合

相当の地代とは、通常支払うべき地代よりも高額な地代をいう。

権利金に代えて相当の地代を収受しているときは、権利金の認定課税は行わない。

貸主側	法　人	借地権の認定課税はされない。
借主側	役　員	役員給与課税は行われない。

（注）相当の地代の額は、原則として、その土地の更地価額のおおむね年６％程度の金額とされる。相当の地代はおおむね３年以下の期間ごとに見直しを行う必要がある。

③ 土地の無償返還届出書を提出する場合

将来役員がその土地を無償で返還する契約となっており、かつ、「土地の無償返還に関する届出書」を法人と役員が連名で提出している場合には、法人に対して借地権の認定課税は行われない。

実際に収受している地代が相当の地代より少ないときは、その差額に相当する

金額を役員に贈与したものとして取り扱う。

貸主側	法　人	借地権の認定課税はされない。
借主側	役　員	相当の地代と実際の地代との差額が役員給与として、所得税・住民税の課税対象となる。

(2) 役員が所有する土地を法人に貸し付けた場合

① 権利金の授受がない場合
・法人に借地権の認定課税がされる。
・役員に借地権の認定課税はされない。

② 権利金の授受をした場合
・役員は権利金相当額が不動産所得または譲渡所得として課税される。

③ 権利金を授受することに代えて、相当の地代を支払う場合
・法人に借地権の認定課税はされない。

④ 権利金の授受も相当の地代の支払いもなく「土地の無償返還に関する届出書」を提出した場合
・法人に借地権の認定課税はされない。

4 金銭の貸借

(1) 法人が役員に金銭を貸し付けた場合

無利息または低利で貸し付けた場合には、「通常収受すべき利息」と「実際に収受した利息」との差額は役員給与とされる。

(2) 役員が法人に貸し付けた場合

通常の利率よりも高い利率で貸し付けた場合、「通常収受すべき利息」と「実際に収受した利息」との差額は役員給与とされる。

POINT!

法人と役員との間の取引で、役員が受けた経済的利益はその役員に対する給与として課税され、法人が受けた経済的利益は法人税が課税される。資産の売買が低額または高額で行われた場合には、法人は時価により取引があったとされる。

2 グループ会社間取引

1 低額譲渡と高額譲渡

低額譲渡	譲渡会社	適正な時価で譲渡したものとされ、時価と譲渡価額との差額は寄附金となる。
	譲受会社	適正な時価で取得したものとされ、時価と譲渡価額との差額は受贈益となる。
高額譲渡	譲渡会社	適正な時価で譲渡したものとされ、時価と譲渡価額との差額は受贈益となる。
	譲受会社	適正な時価で取得したものとされ、時価と譲渡価額との差額は寄附金となる。

2 グループ法人税制

100％完全支配関係がある法人間で、資産の譲渡、寄附、配当の支払い等があった場合には、譲渡損益を繰り延べたり、寄附金や配当金の取扱いにはグループ外との取引とは異なる取扱いが設けられている。

(1) 対象となる法人

特定の法人または同族株主グループあるいは個人によって、株式の100％を直接または間接に所有されている内国法人グループが対象となる。

具体的には次のような法人グループである。

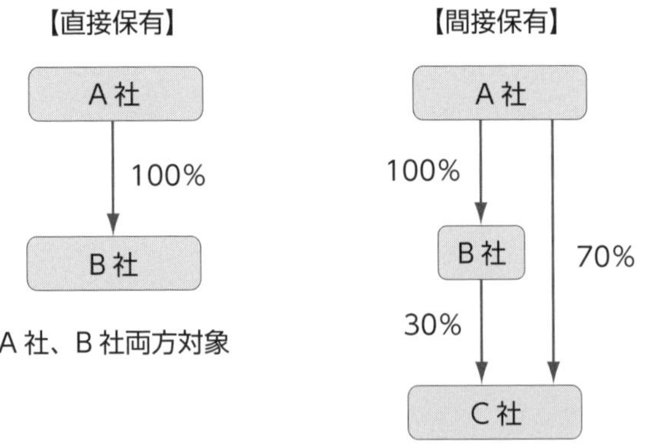

(2) 100％グループ内の法人間の資産の譲渡取引等

① 完全支配関係グループ内の内国法人に譲渡損益調整資産を譲渡した場合には、**譲渡損益の計上を繰り延べる。**

（注）譲渡損益調整資産とは、次の資産のうち譲渡直前の帳簿価額が1,000万円以上であるものをいう。

①固定資産、②棚卸資産である土地等、③有価証券、④金銭債権、⑤繰延資産

② 譲受法人がその資産を他の法人（グループ内の法人も含む）に譲渡した場合や、譲渡法人と譲受法人との間の完全支配関係が消滅した場合には、譲渡時に繰り延べられた譲渡損益を計上する。

(3) 寄附の取扱い

100％グループ内の法人間の寄附金については、支出法人において全額損金不算入とするとともに、寄附を受けた法人においても全額益金不算入とされる。

ただし、この規定の適用は、支出法人が他の法人に株式等を100％所有されている場合に限られ、個人株主がいる場合は原則どおり、支出法人では損金算入限度額を超える部分は損金不算入、受領法人では全額益金算入となる。

(4) 100％グループ内の法人間の受取配当の益金不算入

100％グループ内の内国法人からの受取配当について益金不算入制度を適用する場合には、負債利子控除を適用しない。

■益金不算入額の計算

> 完全子法人株式等からの配当：負債利子を控除せずに全額益金不算入
> 関係会社株式等からの配当：負債利子を控除した残額が益金不算入
> 一般の株式からの配当：50％が益金不算入

(5) グループ内法人の中小企業向け特例措置

資本金または出資金が1億円以下の法人には特例が認められているが、資本金または出資金が5億円以上の法人の100％子会社に該当する場合には、たとえその子会社の資本金または出資金が1億円以下であっても以下の特例は適用できない。

① 軽減税率
② 特定同族会社の特別税率の不適用
③ 貸倒引当金の法定繰入率
④ 交際費等の損金不算入制度における定額控除限度額制度
⑤ 欠損金の繰戻し還付制度

POINT!

100％グループ間取引

- **資産の譲渡損益……他の法人に譲渡するまで計上を繰り延べる。**
- **寄附……支出法人は損金不算入、受取法人は益金不算入。**
- **配当……受取配当について益金不算入制度を適用する場合には、負債利子控除を適用しない。**
- **中小法人の特例……親法人の資本金が5億円以上の場合には軽減税率、交際費等の損金不算入制度における定額控除限度額制度、欠損金の繰戻し還付等は不適用となる。**

チェックテスト

(1) 役員退職金を不動産により現物支給した場合は、その不動産の適正な時価が役員退職給与の額とされ、損金算入となる。

(2) 法人が所有する土地を役員に低額で譲渡した場合には、その資産の時価と譲渡価額との差額は、役員に対する給与となる。

(3) 役員が所有する土地を法人に高額で譲渡した場合には、その資産の時価と譲渡価額との差額は、役員に対する給与となる。

(4) 役員が所有する土地を法人に時価の３分の２以下の価額で譲渡した場合には、時価で譲渡したものとみなす。

(5) 法人が所有する土地を役員が借受け、相当の地代を支払う場合には、権利金の授受がなくても、法人に対して借地権の認定課税は行われない。

(6) 役員が法人に対して通常の利率よりも低い利率で金銭を貸し付けた場合、通常収受すべき利息と実際に収受する利息との差額は役員給与となる。

(7) グループ法人税制は、100％支配関係がある法人間に強制適用される。

(8) グループ法人税制は、株式の100％を直接所有されている法人グループだけに適用される。

(9) 100％グループ内の法人間の寄附金は、支出法人においては全額損金の額に算入される。

(10) 資本金が５億円以上の法人の100％子会社は、たとえ資本金が１億円以下であっても、中小法人の軽減税率の適用はない。

解答

(1) ○　(2) ○　(3) ○　(4) ×　(5) ○
(6) ×　(7) ○　(8) ×　(9) ×　(10) ○

第9章

法人住民税と法人事業税等

過去の出題状況	2022.5	2022.9	2023.1	2023.5	2023.9	2024.1
法人事業税			☆			

1. 法人住民税

所得に関係なく課税される均等割と、法人税額を課税標準とする法人税割がある。

2. 法人事業税

法人事業税は、地方税の部分と国税の部分から構成される。

1 法人住民税

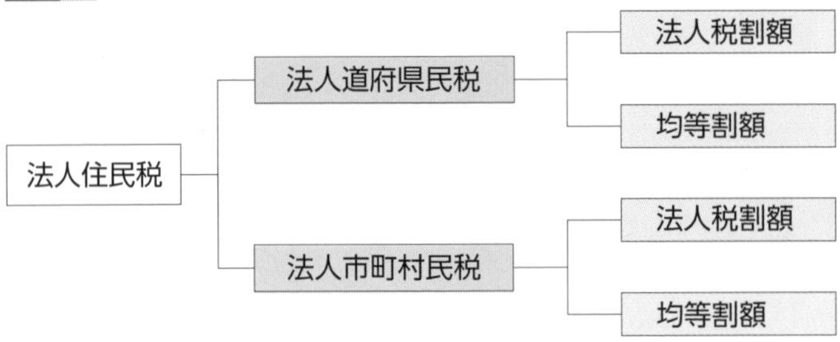

1 法人税割等

① 法人税割は、法人税額を課税標準として計算される。

■法人税割

	標準税率	制限税率
道府県民税	1.0%	2.0%
市町村民税	6.0%	8.4%

（注）制限税率とは、課税する場合にこれを超えて課税してはならないと定められている税率である。

② 道府県民税利子割

法人が支払いを受ける預貯金の利子は、個人が受ける場合と異なり、道府県民税は徴収されない。

2 均等割

所得に関係なく、資本金等の額と従業員数に応じて課税される。

■法人住民税均等割

資本金等の額	市町村内の事務所等の従業員数	市町村均等割（標準税率）	道府県均等割
50億円超	50人超	年300万円	年80万円
	50人以下	年41万円	
10億円超　50億円以下	50人超	年175万円	年54万円
	50人以下	年41万円	
1億円超　10億円以下	50人超	年40万円	年13万円
	50人以下	年16万円	
1千万円超　1億円以下	50人超	年15万円	年5万円
	50人以下	年13万円	
1千万円以下	50人超	年12万円	年2万円
	50人以下	年5万円	

（注）標準税率とは、通常その税率によるべきものとして定められている税率をいう。

2 法人事業税

1 法人事業税

法人事業税は、法人が行う事業に対して都道府県が課する税金である。一般の法人は、原則として法人税の課税標準である所得金額をもとに計算される。資本金１億円超の法人など一定のものは、法人の所得に課税される「所得割」のほか、資本等の金額に基づいて課税される「資本割」、報酬給与額、純利子支払および純支払賃借料の合計額と単年度損益との合計額により計算された付加価値に課税される「付加価値割」がある（外形標準課税）。また、電気供給業者、ガス供給業者および保険業を行う法人は、収入金額を課税標準とする。

2 特別法人事業税（国税）

特別法人事業税は、法人事業税の一部を分離し、国税としていったん国に払い込まれ、その後、人口と従業員数により按分して各都道府県に配分されるものである。特別法人事業税は、法人事業税の額に一定の税率を乗じて計算する。

POINT!

法人住民税の均等割は、所得に関係なく課税される。

チェックテスト

(1) 法人住民税は、均等割と所得割に分類される。

(2) 法人住民税の均等割は、法人の資本金の額と売上高に応じて課税される。

(3) 法人住民税の法人税割は、法人税額を課税標準として課税される。

(4) 法人住民税の法人税割に採用されている制限税率は、これを超えて課税してはならないという税率である。

(5) 法人事業税は、市町村が課する税金である。

(6) 資本金の額が1億円以下の法人は、法人事業税は課税されない。

(7) 法人事業税の計算上、個人事業税の事業主控除と同様に、所得から290万円を控除することができる。

(8) 特別法人事業税とは、法人事業税のうちの地方税の部分である。

(9) 法人事業税は、損金の額に算入されない。

解答

(1) ×　(2) ×　(3) ○　(4) ○　(5) ×
(6) ×　(7) ×　(8) ×　(9) ×

第10章

消費税

過去の出題状況	2022.5	2022.9	2023.1	2023.5	2023.9	2024.1
仕入税額控除					☆	
課税事業者・免税事業者	☆					
消費税の非課税			☆			
簡易課税	☆	☆				
税率						
申告	☆	☆				

1. 消費税の課税取引

消費税の課税取引は、事業者が、国内において事業として対価を得て行う、資産の譲渡、貸付けおよび役務の提供である。したがって、国外取引や対価性のない取引は消費税の課税対象とならない。

2. 納税義務者

基準期間の課税売上高が1,000万円以下の事業者は消費税の納税義務が免除される。免税事業者でも届出書を提出することにより課税事業者となることができるが、課税事業者を選択した場合は原則として２年間は免税事業者に戻ることができない。

3. 消費税額の計算

消費税額の計算には、原則課税と簡易課税の２種類がある。簡易課税制度は、基準期間の課税売上高が5,000万円以下の国内事業者が届出書を提出することにより選択することができる。

4. 申告・納付

消費税の確定申告期限は、法人は原則としてその課税期間の末日の翌日から２カ月以内（ただし、確定申告期限の延長の特例あり）、個人事業者は翌年３月31日までである。

1 消費税の課税取引

1 課税取引

次の４つの要件を満たす取引が「資産の譲渡等」として、消費税の課税取引となる。

① 国内で行われる取引であること
② 事業者が事業として行う取引であること
③ 対価を得て行う取引であること
④ 資産の譲渡、資産の貸付け、役務の提供取引であること

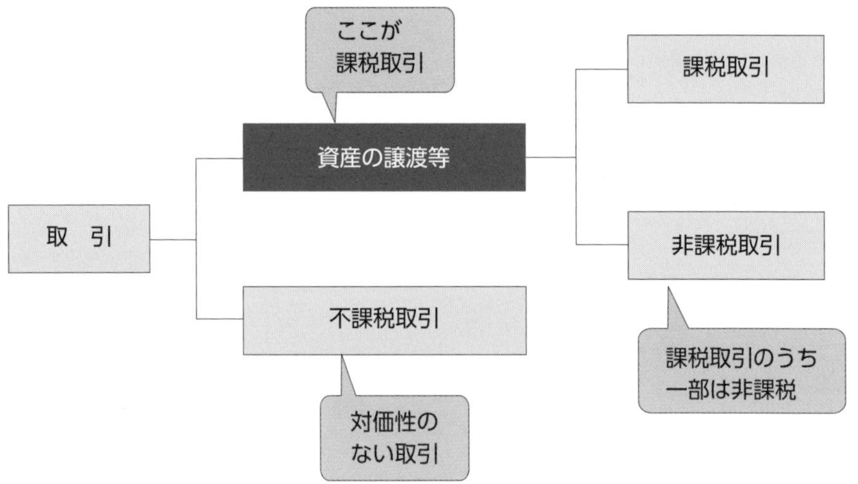

不課税の例示	非課税の例示
1．受取配当金 2．個人事業者の生活用資産の譲渡 3．資産の盗難、滅失、廃棄 4．会社資産の無償使用 5．寄附金、祝金、見舞金等 6．保険金、損害賠償金 7．通常の会費、通常の組合費 8．建物の賃貸契約に伴う敷金、保証金で返還義務のあるもの 9．得意先への商品の贈与 10．宝くじの当選金	1．土地の譲渡、貸付け 2．社債、株式等の譲渡 3．利子、保険料 4．郵便切手、印紙などの譲渡 5．商品券などの譲渡 6．住民票、戸籍抄本等の行政手数料 7．外国郵便為替、外国為替業務および両替業務 8．社会保険医療、出産関係など 9．埋葬料、火葬料 10．身体障害者用物品の譲渡、貸付け 11．一定の学校の授業料 12．住宅の貸付け

2 非課税取引

① 土地の譲渡および貸付け

土地の譲渡や貸付けは非課税であるが、次のような取引は課税される。

- １カ月未満の土地の貸付け
- 建物や野球場、プールまたはテニスコートなど施設の利用に付随して土地が使用される場合
- フェンスや建物等を設置して、駐車場または駐輪場として土地を貸し付けている場合

② 有価証券の譲渡

社債、株式等の譲渡は非課税であるが、株式形態のゴルフ会員権の譲渡は課税取引となる。

③ 住宅の貸付け

住宅の貸付けとは、その貸付けに係る契約において人の居住の用に供することが明らかにされているものに限られる。また、家賃には、月決め等の家賃の他、敷金、保証金、一時金等のうち返還しない部分および共益費が含まれる。

住宅の貸付けでも、次の取引は課税される。

- 貸付期間が１カ月未満の場合
- 旅館、ホテル、貸別荘、リゾートマンション、ウイークリーマンション等は、その利用期間が１カ月以上となる場合であっても課税となる。

POINT!

- **消費税は、事業者が事業として行う取引が課税対象となるため、個人が自宅を譲渡しても課税されない。**
- **土地の譲渡・貸付け、有価証券の譲渡、住宅の貸付けは非課税である。**

2 納税義務者

1 納税義務者

消費税の納税義務者は事業者（個人事業者、法人をいう）である。国や地方公共団体、公共法人、公益法人等などが課税資産の譲渡等を行う場合も消費税の納税義務者となる。

2 小規模事業者の免税制度

基準期間（個人事業者の場合は前々年、法人の場合は前々事業年度）の課税売上高が1,000万円以下の事業者は消費税の納税義務が免除される。

基準期間の課税売上高が1,000万円以下であっても、特定期間（個人事業者の場合は、前年の１月１日から６月30日までの期間、法人の場合は、前事業年度開始の日以後６カ月の期間）の課税売上高が1,000万円を超えた場合には、当期は課税事業者となる。なお、国外事業者を除き、特定期間の課税売上高に代えて、給与等支払額の合計額により判定することもできる。

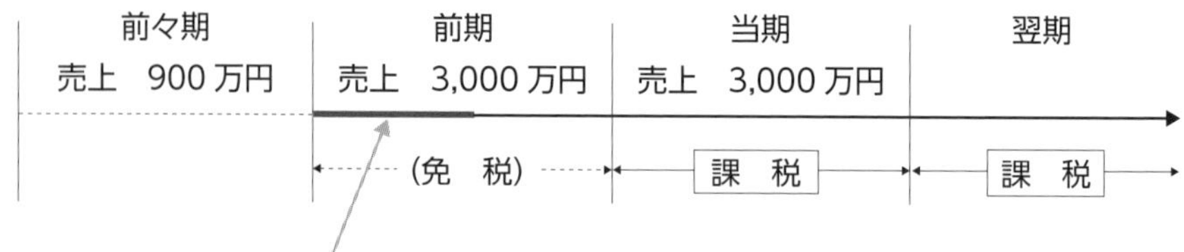

3 新設法人の納税義務

(1) 納税義務の免除

新たに設立された法人（外国法人を除く）は、基準期間が存在しないため原則として設立第１期および第２期は免税事業者となる。しかし、その事業年度開始の日の資本金または出資金の額が**1,000万円以上**の法人は、設立第１期および第２期においても課税事業者となる。

(2) 特定新規設立法人の納税義務の免除の特例

資本金が1,000万円未満で新規に設立された法人であっても、その新規設立法人の基準期間に相当する期間における課税売上高が５億円を超える事業者や国外分を含む収入金額が50億円を超える事業者が、その新規設立法人に50％超を出資して設立した場合には、その新規設立法人には上記**(1)**の納税義務の免除の規定は適用されない。

第10章 消費税

POINT!

課税事業者となるかどうかの判定基準

次の①②のいずれかに該当すれば当期は課税事業者となる。

① **基準期間の課税売上高が1,000万円を超えた場合**

② **特定期間の課税売上高および給与支払額の額がどちらも1,000万円を超えた場合**

3 消費税額の計算

1 税　率

(1) 消費税の税率

消費税の税率は、標準税率（10%）と軽減税率（８%）の複数税率となっている。

■消費税の税率

税率区分	標準税率	軽減税率
消費税率	7.8%	6.24%
地方消費税率	2.2%	1.76%
合計	10.0%	8.0%

(2) 軽減税率の対象となるもの

① 飲食料品の譲渡

飲食料品とは、食品表示法に規定する食品で、「人の飲食または食用に供されるもの」をいう。したがって工業用の塩やペットフードは軽減税率の対象とならない。また、「医薬品」、「医薬部外品」および「再生医療統制品」は食品には含まれない。

飲食料品でも酒類および外食をした場合は標準税率となる。外食とは、飲食店業を営む者がテーブル、椅子、カウンターその他の飲食に用いられる設備のある場所において、飲食料品を飲食させる役務の提供をいう。

② 週２回以上発行される新聞で定期購読契約に基づくもの

■適用税率の具体例

標準税率	・外食、店内飲食 ・ケータリング ・医薬品、医薬部外品 ・酒類
軽減税率	・テイクアウト ・有料法人ホームにおける飲食料品の提供 ・学校給食 ・週２回以上発行される定期購読契約の新聞

(3) 一体資産

一体資産とは、食品と食品以外の資産があらかじめ一の資産を形成し、一体資産としての価格のみが提示されているものをいう。一体資産は、次の要件をいずれも満たす場合には、飲食料品として全体に軽減税率が適用される。

① 一体資産の譲渡対価の額（税抜）が１万円以下であること
② 一体資産に含まれる食品部分の価額の占める割合が３分の２以上であること

2 原則課税

消費税は、「課税売上げ（税抜）に係る消費税額」から、「課税仕入れ（税抜）に係る消費税額」を控除して求める。

■納付税額の計算方法

納付税額 ＝ 課税売上げに係る消費税額 － 課税仕入れに係る消費税額

（注）課税仕入れに係る消費税額を控除しきれない場合には、確定申告により還付される。

第10章 消費税

3 仕入税額控除

課税仕入れに係る消費税額を控除することを「仕入税額控除」といい、控除税額の計算方法は次の区分に応じ、それぞれに定める方法による。

（1）課税売上割合が95%以上の場合

課税仕入れに係る消費税額を全額控除できる。ただし、その課税期間の**課税売上高が５億円を超える事業者は全額控除が認められず、**次の**（2）**により計算する。

$$課税売上割合 = \frac{課税期間中の課税売上高（税抜き）}{課税期間中の総売上高（税抜き）}$$

（2）課税売上割合が95%未満の場合等

課税売上割合が95%未満の場合や、その課税期間の課税売上高が５億円を超える事業者は、課税仕入れに係る消費税額のうち**課税売上げに対応する部分のみを控除する。**具体的な計算方法として「個別対応方式」と「一括比例配分方式」という２つの方法があり、どちらかを選択することとなる。

（3）居住用賃貸物件の仕入税額控除

居住用の賃貸建物で、税抜き対価の額が1,000万円以上のものを取得した場合には、その居住用賃貸物件の取得等に係る消費税については、仕入税額控除の適用を認めない。

ただし、居住用賃貸物件のうち、住宅の貸付けの用に供しないことが明らかな部分については、仕入税額控除の対象となる。

4 簡易課税

(1) 概要

基準期間の課税売上高が5,000万円以下である事業者（恒久的施設を有しない国外事業者を除く）は、「簡易課税の適用を受ける旨の届出書」を提出することにより、原則課税によらないで簡易課税制度を選択することができる。届出書は、簡易課税を選択しようとする課税期間の前年末までに提出する。この制度を選択した場合は、原則として２年間は原則課税に変更することができない。また、いったん届出書を提出すると、「簡易課税制度選択不適用届出書」を提出するまでその効力が継続する。

■納付税額の計算方法

納付税額 ＝ 課税売上げに係る消費税額 － 課税売上げに係る消費税額 × みなし仕入率

簡易課税では、仕入れに係る消費税額は考慮しない。課税売上げにかかる消費税額から控除するのは、課税売上げに係る消費税額に業種に応じたみなし仕入率を乗じて計算した金額である。簡易課税を選択した場合、通常は消費税額の還付は受けられない。

区　分	みなし仕入率	事業の種類
第１種事業	90%	卸売業
第２種事業	80%	小売業
第３種事業	70%	農業、林業、漁業、鉱業、建設業、製造業等
第４種事業	60%	第１種事業、第２種事業、第３種事業および第５種事業以外の事業。飲食店業
第５種事業	50%	金融・保険業等、運輸通信業およびサービス業（飲食店業を除く）
第６種事業	40%	不動産業

(2) 複数の事業を営んでいる場合

事業者が、みなし仕入率の異なる複数の事業を営んでいる場合、仕入税額控除額の計算は、原則として事業の区分ごとにそれぞれのみなし仕入率を適用して計算するが、特例として次のように計算することができる。

① ２種類以上の事業を営む事業者で、１種類の事業の課税売上高が課税売上高全体の**75%以上**である場合、その事業のみなし仕入率を課税売上高全体に対して適用することができる。

第１種事業と第２種事業を行っていて課税売上高の割合が次のような場合

第１種事業　75%

第２種事業　25%

課税売上高全体に、第１種事業のみなし仕入率90%を適用することができる。

② ３種類以上の事業を営む事業者で、そのうち２種類の事業の課税売上高の合計額が課税売上高全体の75％以上である場合、その２種類の事業のうち、みなし仕入率の高い方の事業にはそのみなし仕入率を適用し、その他の事業については、２種類の事業のうち低い方のみなし仕入率を適用することができる。

> 第１種事業、第２種事業と第５種事業を行っていて課税売上高の割合が次のような場合
> 第１種事業　50％
> 第２種事業　30％
> 第５種事業　20％
> 第１種事業と第２種事業の合計が75％以上であるので、第１種事業にはみなし仕入率90％を適用し、第２種事業と第５種事業には、第２種事業のみなし仕入率80％を適用することができる。

③ 複数の事業を営む事業者が、課税売上を事業ごとに区分していない場合には、その区分していない部分については、一番低いみなし仕入率を適用する。

5 適格請求書等保存方式（インボイス制度）

2023年10月１日から消費税の仕入税額控除の要件として適格請求書等保存方式（インボイス制度）が導入された。仕入税額控除を受けるためには、原則として、適格請求書発行事業者から交付を受けた適格請求書（インボイス）の保存が必要である。

しかし、激変緩和の観点から、免税事業者等からの仕入れについても、適格請求書等保存方式実施後６年間は仕入税額相当額の一定割合を控除することができる経過措置が設けられている。

(1) 適格請求書の交付義務

適格請求書発行事業者は、国内において課税取引を行った場合に、相手方（課税事業者に限る）から適格請求書の交付を求められたときは適格請求書の交付義務が課されている。

売手	買手
・商品を販売する ・適格請求書を交付する	・代金を支払う ・売手が交付した適格請求書を保存することを要件に仕入税額控除を受ける

(2) 適格請求書発行事業者の登録制度

適格請求書を交付しようとする事業者は、適格請求書発行事業者の登録申請書を納税地の所轄税務署長に提出し、適格請求書発行事業者として登録を受けなければならない。登録は任意であり消費税の課税事業者であっても必ずしも登録の義務はないが、登録をしなければ適格請求書を発行することはできない。

適格請求書発行事業者については、次の事項が「国税庁適格請求書発行事業者公表サイト」において公表される。

① 適格請求書発行事業者の氏名または名称

② 法人については、本店または主たる事務所の所在地

　個人事業者は、屋号を追加で公表できる。

③ 登録番号および登録年月日

　登録番号は、法人の場合はＴ＋法人番号、個人事業者の場合はＴ＋13桁の数字である。

　個人事業者の場合はマイナンバーは使用しない。

④ その他一定の事項

(3) 適格請求書の記載事項

適格請求書とは次の事項が記載された書類をいい、請求書、納品書、領収証、レシート等記載すべき事項が記載されているものは名称を問わず、適格請求書に該当する。

① 適格請求書発行事業者の氏名または名称および登録番号

② 課税取引を行った年月日

③ 課税取引の内容（その課税取引が軽減税率の対象である場合にはその旨）

④ 課税取引の税抜価額または税込価額を税率ごとに区分して合計した金額および適用税率

⑤ 税率ごとに区分した消費税額等

⑥ 書類の交付を受ける事業者の氏名または名称

(4) 適格請求書の交付義務の免除

適格請求書の交付が困難な次の取引については、適格請求書の交付義務が免除され、一定の事項を記載した帳簿のみの保存により仕入税額控除が認められる。

① ３万円未満の公共交通機関（船舶、バスまたは鉄道）による旅客の運送

② ３万円未満の自動販売機および自動サービス機により行われる商品の販売等

③ 郵便切手類のみを対価とする郵便・貨物サービス（郵便ポストに差し出されたものに限る）

(5) 適格簡易請求書（簡易インボイス）

小売業、飲食店業、タクシー業等取引の相手が不特定多数の者である事業を行う者については、適格請求書の記載事項を簡易なものとした適格簡易請求書を交付することができる。

適格簡易請求書には、適格請求書の記載事項のうち「書類の交付を受ける事業者の氏名または名称」の記載が不要である。

(6) 免税事業者の取り扱い

適格請求書発行事業者として登録を受けることができるのは課税事業者に限られるため、免税事業者が登録を受けるためには、「消費税課税事業者選択届出書」を提出

して消費税の課税事業者になる必要がある。また、適格請求書発行事業者として登録を受けた事業者は、基準期間の課税売上高が1,000万円以下となっても免税事業者とならない。適格請求書発行事業者の登録を取りやめたい場合は「登録取消届出書」を納税地の所轄税務署長に提出することで、登録の効力が失われる。また、課税事業者選択届出書を提出している場合は、「登録取消届出書」だけでなく、「消費税課税事業者選択不適用届出書」も提出する必要がある。

(7) 簡易課税制度を選択している場合

簡易課税制度を選択している事業者は、課税売上に係る消費税額のみで納付すべき消費税額を計算するため、適格請求書の交付を受ける必要はなく、適格請求書を保存する必要もない。ただし、取引の相手方が仕入税額控除を受けるために適格請求書の交付を求められることも考えられる。適格請求書を発行するためには適格請求書発行事業者として登録する必要がある。

(8) 免税事業者からの課税仕入れに係る経過措置

免税事業者は、適格請求書発行事業者として登録をしない場合は適格請求書を交付することができない。免税事業者の取引相手は仕入税額控除が受けられなくなるが、適格請求書等保存方式導入後６年間は次のような経過措置が設けられている。

適用期間	仕入税額控除
2023年10月1日～ 2026年９月30日	仕入れ税額の80%を控除
2026年10月1日～ 2029年９月30日	仕入れ税額の50%を控除

(9) 免税事業者に対する特例措置（２割特例）

免税事業者が適格請求書発行事業者となった場合、消費税の納税義務が生じる。この税負担を軽減するために2023年10月１日から2026年９月30日までの日の属する課税期間において特例措置が設けられている。納付すべき消費税額の計算において、①原則的な計算方法および②簡易課税に加えて③課税売上に係る消費税額の２割を納付税額とすることが認められている。３つのうちどの方法を選択するかは事前の届出は必要とせず、確定申告時に選択適用することができる。

(10) 一定規模以下の事業者に対する事務負担軽減措置（少額特例）

基準期間における課税売上高が１億円以下又は特定期間における課税売上高が5,000万円以下の事業者の事務負担を軽減するため2023年10月１日から2029年９月30日までの期間については、１万円未満（税込）の課税仕入れについて、インボイスの保存がなくても一定の事項を記載した帳簿の保存のみで仕入税額控除を適用することができる。なお、１万円未満の判定は１回の取引の課税仕入れに係る金額で判定する。

POINT!

インボイス制度

・仕入税額控除を受けるためには、原則として売手が交付したインボイスを保存しなければならない。

・インボイスを交付するためには、インボイス発行事業者として登録する必要がある。

4 課税事業者および簡易課税制度の選択

1 課税事業者の選択

免税事業者は、納付の義務はないが、多額の設備投資を行った場合など、「課税売上に係る消費税額」<「課税仕入れに係る消費税額」となった場合でも、還付を受けることができない。この場合、「消費税課税事業者選択届出書」を提出し、課税事業者となることで、還付を受けることができる。ただし、２年間は免税事業者に戻ることができないため、２年目は納付となる可能性がある。

2 調整対象固定資産を取得した場合

次の①および②の期間中に、調整対象固定資産を取得した場合には、その取得をした課税期間を含む３年間は、免税事業者となることはできず、簡易課税制度を選択することもできない。

（注）調整対象固定資産とは、棚卸資産以外の資産で、建物、構築物、機械および装置、車両および運搬具、工具、器具および備品その他の資産で税抜価額が100万円以上のものをいう。

① 「消費税課税事業者選択届出書」を提出し、課税事業者を選択した課税期間から２年間の期間

② 資本金1,000万円以上の新設法人の、設立から２年間の期間

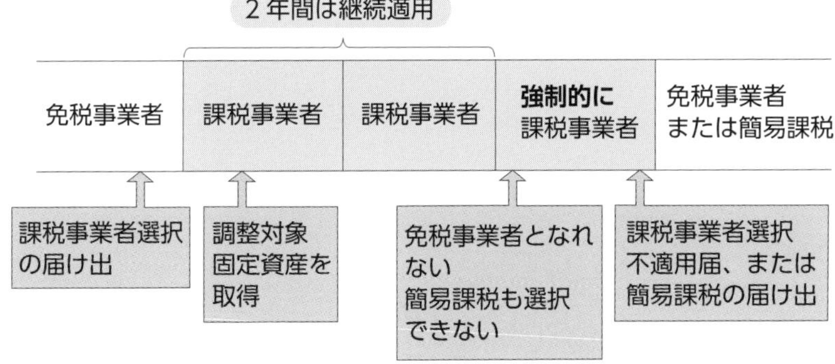

POINT!

免税事業者は、課税事業者を選択することで、消費税額の還付を受けることができる。課税事業者を選択した場合、原則として２年間は免税事業者になることはできない。また、課税事業者を選択してから２年以内に調整対象固定を取得した場合は、３年間は免税事業者に戻れず、簡易課税も選択できない。

5 申告・納付

1 確定申告および納付の期限

・法人……課税期間の末日の翌日から２カ月以内
ただし、法人税の確定申告書の提出期限の延長の特例の適用を受けている法人は、消費税について確定申告書の提出期限の延長の届出をすることにより、消費税の確定申告期限を１カ月延長することができる。
確定申告期限が延長された期間については、利子税を納付しなければならない。

・個人事業者……翌年３月31日まで

(注) 課税期間については、法人はその法人の事業年度、個人事業者は１月１日から12月31日であるが、届け出により３カ月ごとまたは１カ月ごとに短縮することができる。

2 中間申告および納付

(1) 中間申告義務

直前の課税期間の年税額（地方消費税の額は除く）が48万円を超える事業者は、中間申告および納付をしなければならない。

消費税の年税額（地方消費税を除く）		中間申告の回数	中間申告納付額
	48万円以下	中間申告不要	
48万円超	400万円以下	1回	年税額の２分の１
400万円超	4,800万円以下	3回	年税額の４分の１
4,800万円超		11回	年税額の12分の１

(2) 任意の中間申告

中間申告をする義務のない事業者でも、届出書を提出することにより、任意に年１回の中間申告をすることができる。

POINT!

消費税の確定申告期限
・法人は課税期間の末日の翌日から２カ月以内
・個人事業者は翌年３月31日まで（所得税は３月15日まで）

チェックテスト

(1) 消費税の課税取引は、国内取引だけに限られる。

(2) 土地の譲渡は消費税が非課税である。

(3) 株式形態のゴルフ会員権の譲渡は、有価証券の譲渡に該当するため、消費税は非課税である。

(4) 住宅の貸付けは、貸付期間が１カ月未満の場合を除き、消費税は非課税である。

(5) 前事業年度の課税売上高が1,000万円を超えると、当期は課税事業者になる。

(6) 国内事業者の当期の上半期の課税売上高が1,000万円を超えると、翌期は必ず課税事業者になる。

(7) 資本金が1,000万円の新設法人は、第１期および第２期は免税事業者である。

(8) 消費税額の計算上、課税売上割合が95％以上で、課税売上高が５億円以下の場合は、課税仕入れに係る消費税額は全額控除される。

(9) 基準期間の課税売上高が5,000万円超の場合には、簡易課税制度を選択することができる。

(10) 消費税の確定申告期限は、法人は課税期間の末日の翌日から２カ月以内、個人事業者は、翌年の３月15日である。

(11) 消費税の課税事業者は、適格請求書発行事業者として登録をしなくても適格請求書を交付することができる。

(12) 適格請求書発行事業者が税率の異なる商品を販売した場合には、税率ごとに区分して商品価格および税率を適格請求書に記載しなければならない。

解答

(1) ○　(2) ○　(3) ×　(4) ○　(5) ×　(6) ×
(7) ×　(8) ○　(9) ×　(10) ×　(11) ×　(12) ○

第10章 消費税

第11章

決算書の分析

過去の出題状況	2022.5	2022.9	2023.1	2023.5	2023.9	2024.1
決算書						☆
財務分析						
キャッシュフロー計算書				☆		

1．法人の決算書

法人の決算書は、会社法では「計算書類」、金融商品取引法では「財務諸表」と呼ばれる。

2．決算書の分析

決算書を分析することにより企業の経営状況を知ることができる。経営分析のためのさまざまな指標をみていく。

1 決算書

■作成が義務付けられている書類

会社法（計算書類）	金融商品取引法（財務諸表）
貸借対照表	貸借対照表
損益計算書	損益計算書
株主資本等変動計算書	株主資本等変動計算書
個別注記表	キャッシュフロー計算書※
附属明細書	附属明細表

※　正式名称は「キャッシュ・フロー計算書」であるが本試験の出題上の表現を考慮して、本書では「キャッシュフロー計算書」としている。

1 貸借対照表

貸借対照表とは、企業の一定時点における資産と負債・純資産の状況、つまり企業の一定時点のおける財政状態を表す。

貸借対照表
××年×月×日

2 損益計算書

損益計算書は、企業の一定期間における経営成績を表したもので、収益、費用および利益が記載される。

損益計算書
自××年×月×日　至××年×月×日

費　用	収　益
利　益	

3 貸借対照表と損益計算書の関係

損益計算書では、収益と費用の差額から、当期の利益が計算され、貸借対照表の純資産に加算されていく。つまり、貸借対照表の期首の純資産に、当期の利益を加算した金額が期末の純資産となる。貸借対照表の純資産の部には、会社を設立してから現在に至るまでの利益の累計額が記載されている。

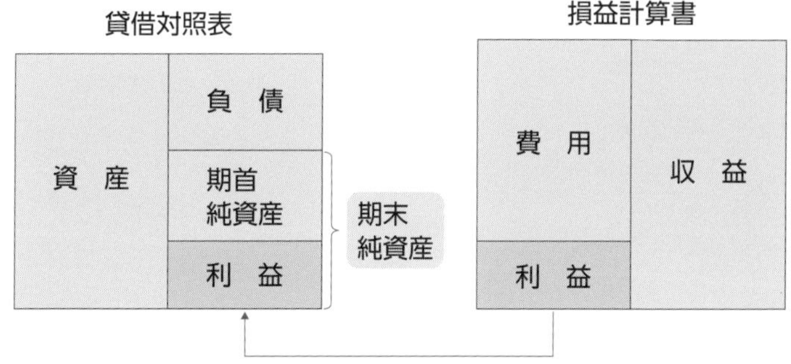

4 株主資本等変動計算書

株主資本等変動計算書とは、貸借対照表の純資産の部の変動状況を示すものである。

5 キャッシュフロー計算書

キャッシュフロー計算書とは、企業の一定期間における、現金および現金同等物の増減を明らかにするものである。現金および現金同等物とは、現金、要求払預金、３カ月以内の定期預金、公社債投資信託などが含まれる。

キャッシュフロー計算書を次の３つに区分し、それぞれの資金の変動を表示する。

① 営業活動によるキャッシュフロー
　企業が本業によって得たキャッシュフローを表す。当然プラスであることが重要である。

② 投資活動によるキャッシュフロー
　有形・無形減価償却資産の取得や売却、有価証券等の取得や売却等による資金の動きを表示する。

③ 財務活動によるキャッシュフロー
　借入れなどの資金の調達および返済による資金の動きを表示する。

キャッシュフロー計算書（間接法）

自：2024年４月１日
至：2025年３月31日
株式会社CAT　（単位：千円）

科目	金額
1．営業活動によるキャッシュフロー	
税引前当期純利益	73,000
減価償却費	11,005
受取利息及び受取配当金	−32
支払利息	8,325
売上債権の増減額	−26,820
仕入債務の増減額	16,325
小計	81,803
利息及び配当金の受取額	32
利息の支払額	−8,325
法人税等の支払額	−29,200
営業活動によるキャッシュフロー	44,310
2．投資活動によるキャッシュフロー	
有形固定資産の取得による支出	−11,250
有形固定資産売却による収入	42
貸付けによる支出	−3,000
貸付金の回収による収入	250
投資活動によるキャッシュフロー	−13,958
3．財務活動によるキャッシュフロー	
短期借入れによる収入	2,000
短期借入金の返済による支出	−1,500
長期借入れによる収入	28,000
長期借入金の返済による支出	−2,300
財務活動によるキャッシュフロー	26,200
4．現金及び現金同等物の増減額	56,552
5．現金及び現金同等物の期首残高	38,261
6．現金及び現金同等物の期末残高	94,813

2 決算書の分析

財務分析とは、決算書の数値を用いて、さまざまな角度から企業を分析することである。財務分析には、収益性、安全性、生産性、成長性の4つのポイントがある。

1 収益性分析

収益性分析とは、企業の資産、負債をいかに効率的に活用して収益を獲得したかを知るために行う分析である。

① 総資本経常利益率

総資本経常利益率は、総資本に対する経常利益の割合を示し、投下資本でどれだけ利益を得たかを表す。

$$総資本経常利益率（\%）= \frac{経常利益}{総資本} \times 100$$

総資本経常利益率は以下のように売上高経常利益率と、総資本回転率に分解できる。

$$総資本経常利益率（\%）= \frac{経常利益}{総資本} \times 100$$

$$= \underbrace{\frac{経常利益}{売上高} \times 100}_{売上高経常利益率} \times \underbrace{\frac{売上高}{総資本}}_{総資本回転率}$$

② 売上高経常利益率

売上高に対する経常的な利益の割合で、企業の収益力を示すものである。

$$売上高経常利益率（\%）= \frac{経常利益}{売上高} \times 100$$

③ 総資本回転率

総資本回転率は総資本をどれだけ有効活用したかを示すものである。

$$総資本回転率（回）= \frac{売上高}{総資本}$$

④ 売上債権回転率

売上債権回転率とは、売上高を売上債権（売掛金、受取手形の合計）で除して求めるもので、売上債権の回収効率を示すものである。

$$売上債権回転率（回）= \frac{売上高}{売上債権}$$

2 安全性分析

企業の財務が健全で、支払能力が十分かどうかを知るために行う分析である。

① 流動比率

流動比率とは、短期的に支払期日の到来する債務に対して、同じく短期的に回収し、支払いに充てられる資産がどの程度あるかをみる指標である。

$$流動比率（\%）=\frac{流動資産}{流動負債}\times 100$$

② 当座比率

流動比率では、流動資産で支払能力を分析するが、流動資産のなかには棚卸資産が含まれており、すぐに換金できない不良在庫等があるような場合には、実質的な支払能力は落ちることになる。そこで、より厳密に支払能力があるのかどうかを換金性の高い当座資産で分析するのが、当座比率である。

$$当座比率（\%）=\frac{当座資産}{流動負債}\times 100$$

（注）当座資産＝現金預金＋受取手形＋売掛金+短期保有の有価証券

③ 自己資本比率

自己資本比率とは、総資本（＝総資産）に対する自己資本の割合を示す指標で、財務の健全性をみる場合の代表的な指標である。

$$自己資本比率（\%）=\frac{自己資本}{総資本}\times 100$$

④ 固定比率

固定資産に投下された資金は、減価償却により徐々に回収される。この回収に長期を要する固定資産が、返済の必要がない自己資金でどの程度まかなわれているかをみる指標であり、100％以下が理想である。

$$固定比率（\%）=\frac{固定資産}{自己資本}\times 100$$

⑤ 固定長期適合率

固定比率は自己資本だけで分析を行うが、固定長期適合率は自己資本に長期の借入金を加えた長期安定資本によって、固定資産がどの程度まかなわれているかをみる指標である。60～80％程度が理想である。

$$固定長期適合率（\%）=\frac{固定資産}{自己資本+固定負債}\times 100$$

3 生産性分析

生産性とは、生産要素の投入高に対する産出高の割合であり、この割合が高いほど生産性が高いといえる。

① 労働生産性

従業員1人当たりの付加価値を示す指標である。

$$労働生産性 = \frac{付加価値額}{従業員数}$$

（注）付加価値とは企業が新たに生み出した価値（＝利益）のこと

② 労働分配率

企業が生み出した付加価値からどのくらい人件費を支払ったかを表す指標である。

$$労働分配率（\%） = \frac{人件費}{付加価値額}$$

4 成長性分析

成長性分析とは、企業の売上高や利益の変化を把握し、企業の将来性を判断するために行う分析である。

① 売上高成長率

会社の成長性を示す最も基本的なもので、売上高が順調に増加しているかどうかにより成長性を評価するものである。

$$売上高成長率（\%） = \frac{当期売上高 - 前期売上高}{前期売上高} \times 100$$

② 経常利益成長率

経常利益の増加割合をみるもので、経常利益成長率＞売上高成長率の関係になる企業は良好な成長をしているといえる。

$$経常利益成長率（\%） = \frac{当期経常利益 - 前期経常利益}{前期経常利益} \times 100$$

3 損益分岐点分析

1 意　義

損益分岐点とは、売上高と総費用が等しくなり、損益がゼロとなるときの売上高のことである。つまり、売上高が損益分岐点を上回れば利益が生じ、損益分岐点を下回れば損失が生じることになる。

2 変動費と固定費

① 変動費
変動費とは、売上高の増減に対して比例的に増減する費用である。

② 固定費
固定費とは、売上高の増減に関係なく一定額発生する費用である。

総費用は変動費＋固定費なので、総費用線は次のように描ける。

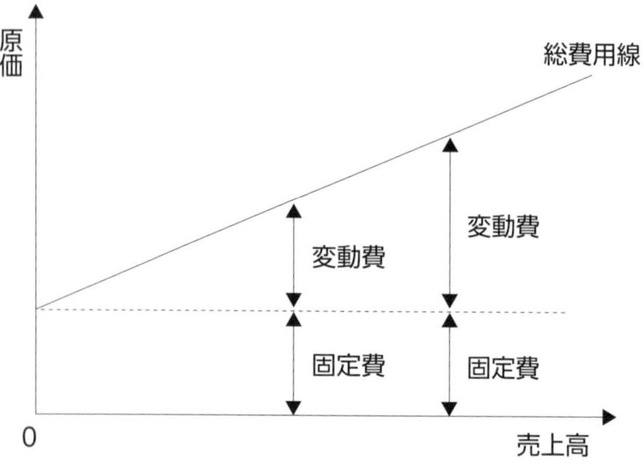

3 変動費率と限界利益率

売上高に占める変動費の割合を変動費率といい、売上高に占める限界利益（売上高から変動費を差し引いた額）の割合を限界利益率という。

損益計算書

売上高	100,000円
変動費	30,000円
限界利益	70,000円
固定費	42,000円
営業利益	28,000円

$$\text{変動費率} = \frac{\text{変動費}}{\text{売上高}} = \frac{30{,}000\text{円}}{100{,}000\text{円}} = 0.3$$

$$\text{限界利益率} = \frac{\text{限界利益}}{\text{売上高}} = \frac{70{,}000\text{円}}{100{,}000\text{円}} = 0.7$$

（注）限界利益率は、「１－変動費率」でも求めることができる。

4 損益分岐点分析

① 損益分岐点の売上高

損益分岐点の売上高とは、営業利益がちょうどゼロになる（損もなければ儲けもない）売上高であって、最低目標の売上高といえる。

$$\text{損益分岐点の売上高} = \frac{\text{固定費}}{\text{限界利益率}} = \frac{42{,}000\text{円}}{0.7} = 60{,}000\text{円}$$

② 目標営業利益を達成する売上高

目標営業利益28,000円を達成する売上高は、損益分岐点の売上高の計算に目標営業利益を加味する。

$$\begin{aligned}\text{目標営業利益を達成する売上高} &= \frac{\text{固定費} + \text{目標営業利益}}{\text{限界利益率}} \\ &= \frac{42{,}000\text{円} + 28{,}000\text{円}}{0.7} \\ &= 100{,}000\text{円}\end{aligned}$$

5 損益分岐点図表

売上高線と総費用線を１つの図に描くことで、損益分岐点図表を描くことができる。

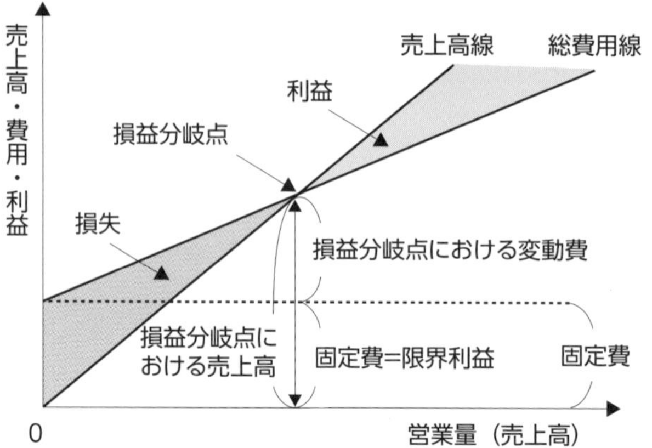

この図表の売上高線と総費用線の交わるところが、売上高と総費用が等しく、利益がゼロになる損益分岐点であり、また、損益分岐点を境にして売上高を増加させていけば利益が発生していくことがわかる。

① 損益分岐点比率

$$\text{損益分岐点比率（\%）} = \frac{\text{損益分岐点売上高}}{\text{実際の売上高}} \times 100$$

実際の売上高を100％として、損益分岐点売上高が何％にあたるかをみることで、収益の安全度合いをみる指標である。

② 経営安全率

$$\text{経営安全率（\%）} = \frac{\text{実際の売上高} - \text{損益分岐点売上高}}{\text{実際の売上高}} \times 100$$

経営安全率とは、実績売上高が損益分岐点売上高をどのくらい上回っているか表す比率である。この比率が高いほど収益の安全性が高いことになる。

チェックテスト

⑴ 貸借対照表は、資金の調達源泉と、その資金の運用状況を表すものである。

⑵ 損益計算書は、企業の一定期間における経営成績を表すものである。

⑶ 株主資本等変動計算書とは、貸借対照表の負債の部の変動状況を表すものである。

⑷ キャッシュフロー計算書は、営業活動によるキャッシュフロー、投資活動によるキャッシュフロー、金融活動によるキャッシュフローに区分される。

⑸ 総資本経常利益率は「経常利益÷総資本」により計算され、投下資本でどれだけ利益を得たかを表す。

⑹ 当座比率は「流動資産÷流動負債」により計算され、換金性の高い資産によって分析し、流動比率に比べてより厳密に支払能力を分析できる。

⑺ 労働分配率は「人件費÷付加価値額」により計算され、企業が生み出した付加価値からどのくらい人件費を支払ったかを表す。

⑻ 損益分岐点売上高とは、固定費＝限界利益となる売上高をいう。

⑼ 損益分岐点売上高は「限界利益÷固定比率」で求める。

⑽ 経営安全率はその比率が高いほど、収益の安全性が高いことを表す。

解答

⑴ ○	⑵ ○	⑶ ×	⑷ ×	⑸ ○
⑹ ×	⑺ ○	⑻ ○	⑼ ×	⑽ ○

第11章 決算書の分析

索　引

【サ行】

【タ行】

【ナ行】

【ハ行】

【マ行】

【ヤ行】

【ラ行】

<執筆者>
森　英一（もり・えいいち）
1級ファイナンシャル・プランニング技能士／CFP® 認定者
税理士事務所勤務、資格の学校TAC税理士講座勤務を経て2016年に妻とともに大久保綜合事務所を設立して独立。FP実務、相続対策、企業の財務・会計・税務の支援、各種税務申告業務のほか、資格の学校TACその他企業等で講師・執筆活動を行っている。

よくわかるFPシリーズ

2024-2025年版（ねんばん）
合格（ごうかく）テキスト　FP技能士（ぎのうし）1級（きゅう）　④タックスプランニング

（2013年度版　2013年6月30日　初版　第1刷発行）

2024年6月5日　初　版　第1刷発行

編著者　TAC株式会社（FP講座）
発行者　多田敏男
発行所　TAC株式会社　出版事業部（TAC出版）

〒101-8383
東京都千代田区神田三崎町3-2-18
電話　03（5276）9492（営業）
FAX　03（5276）9674
https://shuppan.tac-school.co.jp

印刷　株式会社ワコー
製本　株式会社常川製本

ISBN 978-4-300-11196-3
N.D.C. 338

魅惑のパーソナルファイナンスの世界を感じられる無料オンラインセミナーです！

「多くの方が不安に感じる年金問題」「相続トラブルにより増加する空き家問題」
「安全な投資で資産を増やしたいというニーズ」など、社会や個人の様々な問題の解決に、
ファイナンシャルプランナーの知識は非常に役立ちます。
長年、ファイナンシャルプランニングの現場で顧客と向き合い、
夢や目標を達成するためのアドバイスをしてきたベテランFPのTAC講師陣が、
無料のオンラインセミナーで魅力的な知識を特別にお裾分けします。
とても面白くためになる内容です！
無料のオンラインセミナーですので、気軽にご参加いただけます。
ぜひ一度視聴してみませんか？　皆様の世界が広がる実感が持てるはずです。

皆様の**人生を充実させる**のに必要なコンテンツがぎっしり詰まった**オンラインセミナー**です！

参考 **過去に行ったテーマ例**

- 達人から学ぶ「不動産投資」の極意
- 老後に役立つ個人年金保険
- 医療費をたくさん払った場合の節税対策
- 基本用語を分かりやすく解説 NISA
- 年金制度と住宅資産の活用法
- FP試験電卓活用法
- 1級・2級本試験予想セミナー
- 初心者でもできる投資信託の選び方
- 安全な投資のための商品選びのチェックポイント
- 1級・2級頻出論点セミナー
- そろそろ家を買いたい！実現させるためのポイント
- 知らないと損する！社会保険と公的年金の押さえるべきポイント
- 危機、災害に備える家計の自己防衛術を伝授します
- 一生賃貸で大丈夫？老後におけるリスクと未然の防止策
- 住宅購入時の落とし穴！購入後の想定外のトラブル
- あなたに必要な保険の見極め方
- ふるさと納税をやってみよう♪ぴったりな寄付額をチェック

TACは何度も出題されるところを知り尽くしています！

OP オプション講座

1級直前対策パック（総まとめ講義6回＋模擬試験1回）

総まとめ講義

試験直前期に押さえておきたい最新の法改正などポイントを総ざらいした「総まとめテキスト」を使用します。
基礎編は出題範囲は広いものの50問しかないため、取りこぼしができません。過去の本試験の頻出論点もピックアップ。"サブロクチェック"で知識の再確認を行います。

応用編は、空欄補充問題と計算問題が中心となります。空欄補充問題で問われやすい論点の用語等のチェックと、計算問題の解法手順を演習を繰り返しながらマスターします。

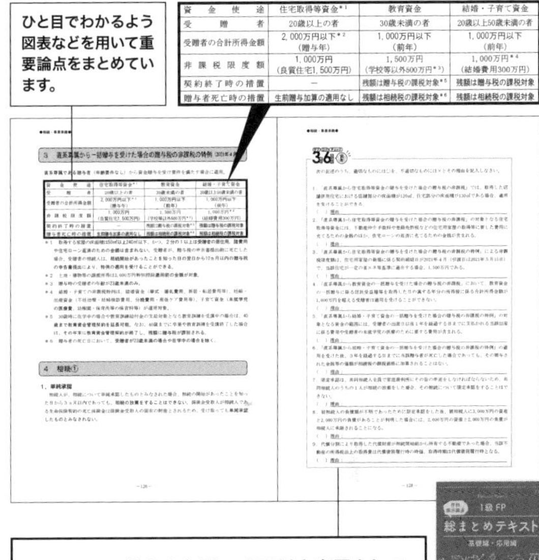

資金使途	住宅取得等資金＊1	教育資金	結婚・子育て資金
受贈者	20歳以上の者	30歳未満の者	20歳以上50歳未満の者
受贈者の合計所得金額	2,000万円以下＊2（贈与年）	1,000万円以下（前年）	1,000万円以下（前年）
非課税限度額	1,000万円（良質住宅1,500万円）	1,500万円（学校等以外500万円＊3）	1,000万円＊4（結婚費用300万円）
契約終了時の措置	―	残額は贈与税の課税対象＊5	残額は贈与税の課税対象
贈与者死亡時の措置	生前贈与加算の適用なし	残額は相続税の課税対象＊6	残額は相続税の課税対象

サブロクチェック 3年6回 出た
過去3年間で6回以上出題されている論点をピックアップしたもので、効率よく知識の再確認ができます。

模擬試験 ※自己採点（配布のみ）

本試験形式のTAC予想問題です。満点を取るまで繰り返し復習し、本試験に臨みましょう。

通常受講料

講座	受講料
通学（教室・ビデオブース）講座	¥35,000
Web通信講座	¥35,000
DVD通信講座	¥40,000

※0から始まる会員番号をお持ちでない方は、受講料のほかに別途入会金（¥10,000・消費税込）が必要です。会員番号につきましては、TACカスタマーセンター（0120-509-117）までお問い合わせください。
※上記受講料は、教材費込・消費税込です。

コースの詳細、割引制度等は、TAC HPまたはパンフレットをご覧ください。

TAC FP 1級直前対策パック

TAC FP講座案内

TACのきめ細かなサポートが合格へ導きます！

合格に重要なのは、どれだけ良い学習環境で学べるかということ。
資格の学校TACではすべての受講生を合格に導くために、誰もが自分のライフスタイルに合わせて勉強ができる学習メディアやフォロー制度をご用意しています。

入門編から実務まで。FPならTACにお任せ！

同じFPでも資格のレベルはさまざま。入門編の3級から仕事に活用するのに必須の2級（AFP）、グローバルに活躍できる1級・CFP®まで、試験内容も異なるので、めざすレベルに合わせて効率的なプログラム、学習方法で学ぶことが大切です。さらにTACでは、合格後の継続教育研修も開講していますので、入門資格から実践的な最新知識まで幅広く学習することができます。

3級

金融・経済アレルギーを解消！

「自分の年金のことがよく分からない」「投資に興味はあるんだけど、どうしたらいいの？」「ニュースに出てくる経済用語の意味を実は知らない･･･」「保険は入っているものの･･･」など金融や経済のアレルギーを解消することができます。「この際、一からお金のことを勉強したい！」そんな方にオススメです。

2級・AFP

FPの知識で人の幸せを演出する！

就職や転職をはじめ、FPの知識を実践的に活かしたい場合のスタンダード資格が2級・AFPです。金融機関をはじめとした企業でコンサルティング業務を担当するなど、お客様の夢や目標を実現するためにお金の面からアドバイスを行い、具体的なライフプランを提案することもできます。「みんなが幸せに生きる手助けをしたい！」そんな夢を持った方にオススメです。

1級・CFP®

ビジネスの世界で認められるコンサルタントをめざす！

FP資格の最高峰に位置づけられるのが、1級・CFP®です。特にCFP®は、日本国内における唯一の国際FPライセンスです。コンサルタントとして独立開業する際に1級やCFP®を持っていると、お客様からの信頼度もアップします。「プロのコンサルタントとして幅広いフィールドで仕事がしたい！」そんな志を抱いている人は、ぜひ1級・CFP®を目指してください。

教室講座

ビデオブース講座

Web通信講座

DVD通信講座

FP継続教育研修のご案内

合格後も知識をブラッシュアップ！

TAC FP講座では、FPに役立つ様々なテーマの講座を毎月開講しており、最新情報の入手に最適です。
さらに、AFP、CFP®認定者の方には継続教育単位を取得できる講座となっています。

最新情報！ TACホームページ https://www.tac-school.co.jp/ TAC 検索

FP（ファイナンシャル・プランナー）対策書籍のご案内

TAC出版のFP（ファイナンシャル・プランニング）技能士対策書籍は金財、日本FP協会それぞれに対応したインプット用テキスト、アウトプット用テキスト、インプット＋アウトプット一体型教材、直前予想問題集の各ラインナップで、受検生の多様なニーズに応えていきます。

みんなが欲しかった！シリーズ

『みんなが欲しかった！ FPの教科書』
●1級 学科基礎・応用対策　●2級・AFP　●3級
1級：滝澤ななみ 監修・TAC FP講座 編著・A5判・2色刷
2・3級：滝澤ななみ 編著・A5判・4色オールカラー
■ イメージがわきやすい図解と、シンプルでわかりやすい解説で、短期間の学習で確実に理解できる！ 動画やスマホ学習に対応しているのもポイント。

『みんなが欲しかった！ FPの問題集』
●1級 学科基礎・応用対策　●2級・AFP　●3級
1級：TAC FP講座 編著・A5判・2色刷
2・3級：滝澤ななみ 編著・A5判・2色刷
■ 無駄をはぶいた解説と、重要ポイントのまとめによる「アウトプット→インプット」学習で、知識を完全に定着。

『みんなが欲しかった！
FPの予想模試』
●3級　TAC出版編集部 編著
滝澤ななみ 監修・A5判・2色刷
■ 出題が予想される厳選模試を学科3回分、実技2回分掲載。さらに新しい出題テーマにも対応しているので、本番前の最終確認に最適。

『みんなが欲しかった！
FP合格へのはじめの一歩』
滝澤ななみ 編著・
A5判・4色オールカラー
■ FP3級に合格できて、自分のお金ライフもわかっちゃう。本気でやさしいお金の入門書。自分のお金を見える化できる別冊お金ノートつきです。

わかって合格る シリーズ

『わかって合格る
FPのテキスト』
●3級　TAC出版編集部 編著
A5判・4色オールカラー
■ 圧倒的なカバー率とわかりやすさを追求したテキスト！さらに人気YouTuberが監修してポイント解説をしてくれます。

『わかって合格る
FPの問題集』
●3級　TAC出版編集部 編著
A5判・2色刷
■ 過去問題を徹底的に分析し、豊富な問題数で合格をサポート！さらに人気YouTuberが監修しているので、わかりやすさも抜群。

スッキリ シリーズ

『スッキリわかる FP技能士 』
●1級 学科基礎・応用対策　●2級・AFP　●3級
白鳥光良 編著・A5判・2色刷
■ テキストと問題集をコンパクトにまとめたシリーズ。繰り返し学習を行い、過去問の理解を中心とした学習を行えば、合格ラインを超える力が身につきます！

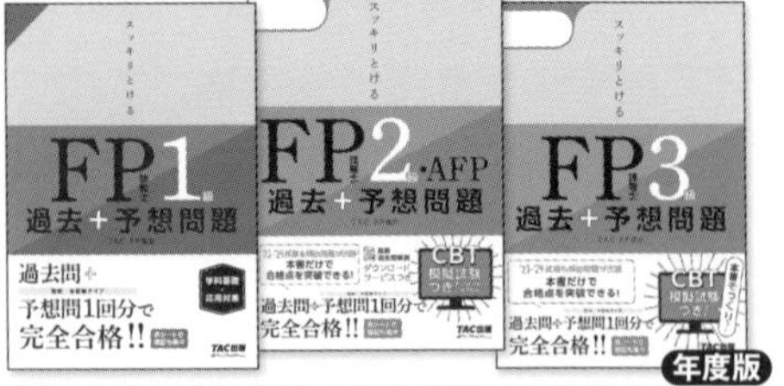

『スッキリとける 過去＋予想問題 FP技能士』
●1級 学科基礎・応用対策　●2級・AFP　●3級
TAC FP講座 編著・A5判・2色刷
■ 過去問の中から繰り返し出題される良問で基礎力を養成し、学科・実技問題の重要項目をマスターできる予想問題で解答力を高める問題集。

書籍の正誤に関するご確認とお問合せについて

書籍の記載内容に誤りではないかと思われる箇所がございましたら、以下の手順にてご確認とお問合せをしてくださいますよう、お願い申し上げます。
なお、正誤のお問合せ以外の**書籍内容に関する解説および受験指導などは、一切行っておりません。**
そのようなお問合せにつきましては、お答えいたしかねますので、あらかじめご了承ください。

1 「Cyber Book Store」にて正誤表を確認する

TAC出版書籍販売サイト「Cyber Book Store」の
トップページ内「正誤表」コーナーにて、正誤表をご確認ください。

CYBER BOOK STORE TAC出版書籍販売サイト

URL:https://bookstore.tac-school.co.jp/

2 1の正誤表がない、あるいは正誤表に該当箇所の記載がない ⇒ 下記①、②のどちらかの方法で文書にて問合せをする

★ご注意ください★

お電話でのお問合せは、お受けいたしません。
①、②のどちらの方法でも、お問合せの際には、「お名前」とともに、
「対象の書籍名(○級・第○回対策も含む)およびその版数(第○版・○○年度版など)」
「お問合せ該当箇所の頁数と行数」
「誤りと思われる記載」
「正しいとお考えになる記載とその根拠」
を明記してください。
なお、回答までに1週間前後を要する場合もございます。あらかじめご了承ください。

① ウェブページ「Cyber Book Store」内の「お問合せフォーム」より問合せをする

【お問合せフォームアドレス】

https://bookstore.tac-school.co.jp/inquiry/

② メールにより問合せをする

【メール宛先 TAC出版】

syuppan-h@tac-school.co.jp

※土日祝日はお問合せ対応をおこなっておりません。
※正誤のお問合せ対応は、該当書籍の改訂版刊行月末日までといたします。

乱丁・落丁による交換は、該当書籍の改訂版刊行月末日までといたします。なお、書籍の在庫状況等により、お受けできない場合もございます。
また、各種本試験の実施の延期、中止を理由とした本書の返品はお受けいたしません。返金もいたしかねますので、あらかじめご了承くださいますようお願い申し上げます。

(2022年7月現在)